AS NOVAS FRONTEIRAS:

A MULTINACIONALIZAÇÃO
DAS EMPRESAS BRASILEIRAS

COLEÇÃO
ESTUDOS
COPPEAD

AS NOVAS FRONTEIRAS:

A MULTINACIONALIZAÇÃO DAS EMPRESAS BRASILEIRAS

Angela da Rocha
Organizadora

MAUAD

Direitos desta edição reservados à
MAUAD Editora Ltda.
Av. Treze de Maio, 13, Grupo 507 a 509 — Centro
CEP 20031-007 — Rio de Janeiro — RJ
Tel.: (21) 2533.7422 — Fax: (21) 2220.4451
www.mauad.com.br

Projeto Gráfico:
Núcleo de Arte/Mauad Editora

Revisão:
Sandra Pássaro

DADOS INTERNACIONAIS PARA
CATALOGAÇÃO NA PUBLICAÇÃO (CIP)

N936

As novas fronteiras: a multinacionalização das empresas brasileiras / Angela da Rocha [Org.]. – Rio de Janeiro: Mauad, 2003.

232p.; 14cm x 21cm. – (Estudos COPPEAD)

ISBN 85-7478-105-3

1.Empresas – Brasil. 2. Investimentos – Brasil. I. Rocha, Angela da. II. Série. (Estudos COPPEAD)

CDD – 658.981

A Therezinha de Jesus Thompson de Faria, *in memoriam*.

Agradecimentos

Muitas pessoas e instituições colaboraram para que os estudos aqui publicados pudessem ser realizados.

O Pronex, programa conjunto da FINEP e do CNPq, foi o principal financiador desses estudos, através do suporte financeiro ao Núcleo de Pesquisas em Internacionalização de Empresas do Instituto COPPEAD de Administração. Também a FAPERJ vem apoiando alguns trabalhos realizados pelo Núcleo. A estes órgãos e seus gestores devemos nossos agradecimentos.

Agradecemos ainda aos empresários e executivos que disponibilizaram horas de seu valioso tempo para entrevistas. Sem sua colaboração não teria sido possível desenvolver os trabalhos aqui apresentados.

Finalmente, agradecemos a Vanessa Tavares Dias, pesquisadora do Núcleo, e aos assistentes de pesquisa, em particular Maurício Bernhardt e Raquel Santos Andrade, pela sua participação na coleta e organização dos dados, e a Tatiana Gomes, secretária do Núcleo, pela sua permanente boa vontade e pela ajuda incansável na organização dos manuscritos.

ÍNDICE

PREFÁCIO

A multinacionalização das empresas brasileiras é o objeto de estudos deste livro e dos trabalhos que vêm sendo desenvolvidos no Núcleo de Pesquisas em Internacionalização de Empresas do Instituto COPPEAD de Administração da Universidade Federal do Rio de Janeiro. O objetivo do livro é reunir alguns estudos de casos que descrevem o início do processo de multinacionalização de empresas brasileiras. Além disso, pretende debruçar-se sobre a questão do lento e tardio envolvimento das empresas de nosso país com atividades multinacionais, trazendo algumas contribuições a seu entendimento.

Alguns trabalhos incluídos nesta coletânea encontram-se associados a teses de Doutorado e de Mestrado recentemente defendidas no COPPEAD/UFRJ. Outros são estudos independentes, mas cuja preocupação, do ponto de vista da investigação, é similar nos objetivos e métodos adotados.

A metodologia adotada nos trabalhos aqui apresentados é qualitativa, utilizando-se tanto o método de estudos de casos quanto o método etnográfico. Estes métodos são extremamente valiosos quando o propósito do pesquisador é obter uma compreensão detalhada e, ao mesmo tempo, abrangente, buscando não só traçar um quadro da realidade em estudo, com suas peculiaridades, como também identificar indícios e pistas para as questões investigadas. Não se propõem, porém, a fornecer respostas definitivas e conclusivas a tais questões.

No capítulo 1, procuro fazer algumas reflexões sobre as barreiras e impedimentos à multinacionalização com que se defrontam os empresários brasileiros. O capítulo 2 apresenta dez casos de internacionalização, deles extraindo alguns aspectos teóricos que os aproximam e, simultaneamente, os diferenciam dos casos relatados na literatura norte-americana e européia. Os capítulos 3 e 5 relatam a experiência de empresas do setor de restaurantes que ingressaram em mercados externos e de que modo essas empresas adaptaram sua estratégia aos novos mercados. O capítulo 4 focaliza a entrada de uma empresa de perfumaria e cosméticos no mercado português e os acertos e desacertos associados a esta experiência. O capítulo 6 olha para empresários de menor porte envolvidos com atividades de franquia e seus temores em relação aos mercados externos. Finalmente, os capítulos 7 e 8 abordam as experiências internacionais de grandes empresas brasileiras.

Esperamos que a descrição dos casos levantados, assim como sua análise, permita ao leitor a oportunidade de vivenciar os processos de internacionalização de empresas brasileiras e compreender algumas de suas especificidades, e propicie uma reflexão proveitosa sobre as motivações e as barreiras à internacionalização de nossas empresas.

Angela da Rocha
Coordenadora do Núcleo de Pesquisas em
Internacionalização de Empresas do COPPEAD

CAPÍTULO 1

POR QUE AS EMPRESAS BRASILEIRAS NÃO SE INTERNACIONALIZAM?

Angela da Rocha

Algum tempo atrás, um artigo da revista *The Economist* colocava um desafio a seus leitores: "Diga o nome de uma multinacional brasileira." E completava: "É ainda mais difícil do que nomear belgas famosos", em uma espécie de *insider's joke* provavelmente só entendido por europeus. (Coisa de vizinhos, como as piadas de argentinos que os brasileiros contam e vice-versa.)

Prosseguia o artigo da *The Economist*, adicionando novos elementos à charada proposta a seus leitores, ao indicar ser o Brasil a oitava economia do planeta e ter um bom número de firmas grandes e lucrativas. *The Economist* não consegue resolver a charada – que, como aquelas propostas pela Esfinge da mitologia grega, permanece indecifrável – embora aponte questões ambientais tais como custo elevado e escassez de crédito, excesso de burocracia, leis trabalhistas restritivas – enfim, um clima de negócios pouco estimulante à livre iniciativa – e questões internas às firmas, como falta de ousadia do empresariado brasileiro, sentimentos de inferioridade nacional e controle familiar do empreendimento.

Todas essas respostas são verdadeiras e, ao mesmo tempo, não o são. Algumas delas não resistem a exame mais criterioso. Se o chamado "custo Brasil" limita e dificulta a ação empresarial, mais uma razão para que as empresas se multinacionalizem, passando a operar em ambientes onde os custos de crédito são baixos, a burocracia é menor, as leis trabalhistas são flexíveis. Com fábricas operando em países estrangeiros de custo mais baixo, as empresas brasileiras multinacionalizadas poderiam até mesmo exportar para o Brasil produtos mais baratos. Por que não o fazem?

Se o clima de negócios brasileiro não é obviamente o culpado pela baixa internacionalização da firma, será então o empresário brasileiro o vilão? Falta-lhe coragem? Sente-se inferior no exterior? Ou quer manter a todo custo o controle familiar do negócio? Deixo as duas primeiras questões para a discussão mais adiante. Quanto à dificuldade de uma empresa se multinacionalizar por ser familiar, encontram-se em todo o mundo multinacionais controladas por famílias, como a Fiat e a Ford, para não falar da quase totalidade das multinacionais mexicanas, argentinas e chilenas.

Se nenhuma dessas respostas satisfaz, então, *por que as empresas brasileiras não se internacionalizam?*

Para responder a essa questão, vou dividir minha exposição na análise de alguns fatores que me parecem explicar, particularmente através de sua combinação, o fenômeno da não internacionalização das empresas brasileiras. Recorro, para apoiar minha argumentação, a pesquisas realizadas pelo Núcleo de Pesquisas em Internacionalização de Empresas do Instituto COPPEAD de Administração, no decorrer dos últimos 25 anos.

O FATOR GEOGRÁFICO

Observe-se um mapa do Brasil, inserido na América do Sul, e considere-se a amplitude das fronteiras geográficas do país. O Brasil, como aprendemos nos livros escolares, tem fronteiras com todos os países da América do Sul, exceto Equador e Chile. No entanto, o que não nos lembram os livros de geografia, é que essas fronteiras são, em sua maior parte, demarcadas por intransponíveis obstáculos naturais. Ao Norte, a imensa floresta tropical; a Oeste, o Pantanal e, por trás dele, a Cordilheira dos Andes, que atravessa o continente. Apenas ao Sul, onde a fronteira é relativamente pequena em sua extensão territorial, a ausência de obstáculos naturais significativos permite o contato com os povos fronteiriços do Paraguai, Uruguai e Argentina (que são, não por acaso, nossos parceiros comerciais no Mercosul).

Compare-se essa situação com a dos países da Europa, com sua modesta extensão territorial e proximidade. Ou até mesmo com o Japão que, embora se tenha isolado por séculos de sua história, tem vizinhos próximos, como a China e a Coréia. Ou com os EUA, cujas dimensões continentais não impedem amplas fronteiras com Canadá e México. Ou ainda, a Austrália, que, embora situada na parte mais baixa do hemisfério sul, está próxima à Nova Zelândia e ao Sudeste Asiático.

Foi a enormidade dos obstáculos naturais entre a América Portuguesa e a América Espanhola que levou Jacques Lambert a dizer que as duas Américas – a Portuguesa e a Espanhola – se debruçavam sobre oceanos distintos, de costas uma para a outra: uma, mirando o Atlântico; a outra, o Pacífico. São essas fronteiras intransponíveis que explicam, em grande parte, a falta de contato do Brasil com seus vizinhos do Norte e Oeste, um distanciamento que, por isso mesmo, não se limitou ao plano físico, mas expandiu-se ao emocional, expressando-se em desinteresse, em desconhecimento, em ausência quase completa de sintonia cultural.

Voltando ao mapa, considere-se agora a posição do Brasil e da América do Sul em relação aos outros continentes e às nações do mundo desenvolvido. Encontra-se o Brasil, por sua localização geográfica, distanciado dos grandes eixos de comércio. Ao mirar o Atlântico, que distância notável do mundo desenvolvido! A África, muito mais bem posicionada com relação à Europa, não se constitui, infelizmente, em um mercado interessante, nem há muitas linhas aéreas ou marítimas que a conectem ao Brasil.

Em síntese: que outro grande país existe que se encontre tão isolado geograficamente como o Brasil? A resposta é: nenhum.

Não estou querendo chamar a atenção simplesmente para fatores que dificultam o transporte de mercadorias, como custo de frete, ou simples falta de navios para o transporte, embora esses tenham seu papel. Quero falar, especificamente, das implicações derivadas desse isolamento geográfico na cabeça do brasileiro, que condicionam seu interesse pelo exterior.

Acresça-se a isso a barreira do idioma. Pois com quem divide o brasileiro seu idioma pátrio? Com Portugal, Moçambique e Angola, além das ilhas de Tomé e Príncipe, Açores e Madeira e as ex-colônias Goa e Macau, pequeníssimos enclaves de língua portuguesa na Ásia. E mesmo assim, tanto nas ex-colônias de Portugal na Ásia, como em Moçambique, o idioma português encontra-se em declínio.

É esse um problema insolúvel? Certamente que não, ou as empresas japonesas não se teriam multinacionalizado. A adoção do inglês como idioma de negócios aponta a direção pela qual a questão do idioma pode se resolver. No entanto, ainda hoje, são poucos os executivos de empresas brasileiras que dominam perfeitamente esse idioma.

De tudo isso deriva, para uma nação relativamente jovem, como a brasileira, uma delimitação clara de sua individualidade cultural. Nos estudos de *clusters* culturais, comumente o Brasil aparece separado de outros países, constituindo um *cluster* isolado. E daí decorre um fenômeno interessante. Embora todos os povos se vejam como únicos, é curioso como o "ser brasileiro" une todos os que para aqui vieram, mesmo de origens culturais, étnicas e nacionais distintas: *sou brasileiro, qualquer que seja minha origem*, contrariamente ao americano, por exemplo, que mantém suas raízes culturais e étnicas por várias gerações. Ocorre no Brasil, de certa forma, um abandono das raízes culturais pelos imigrantes, que aqui rapidamente se aculturam.

Em síntese, *o isolamento geográfico e lingüístico brasileiro dificulta a internacionalização.*

O FATOR AMBIENTAL

Além do fator geográfico, há o fator ambiental: os estudos têm mostrado que, toda vez que o ambiente brasileiro apresenta estímulos favoráveis à internacionalização, os empresários brasileiros reagem positivamente.

Assim foi quando o governo brasileiro, através de incentivos de natureza fiscal, creditícia e promocional, nas décadas de 1960 e 1970, estimulou as empresas brasileiras a exportar[1]. Entre a segunda parte da década de 1960 e a primeira metade da década de 1970, grande número de empresas brasileiras ingressou na atividade exportadora. Por exemplo, enquanto em 1971 havia pouco mais de 5.000 empresas exportadoras, em 1974 esse número havia subido para quase 6.500 empresas. No entanto, apenas 2% das empresas exportadoras respondiam por cerca de 70% das exportações[2].

Outra evidência interessante vem de empresas que realizaram investimento direto no exterior, ou seja, abriram subsidiárias de produção ou de distribuição fora do país. A maioria das empresas brasileiras em processo de multinacionalização, que tivemos a oportunidade de estudar, iniciou esse processo na primeira metade da década de 1990. Por que essas empresas teriam iniciado os investimentos diretos no exterior na década de 1990?

---

[1] Observe-se que o custo dos incentivos à exportação de produtos manufaturados não foi absolutamente trivial para o Brasil, tendo passado de 37,2% do valor exportado, em 1969, para 64,1% em 1982. (LEMOS, K.F. H. *Quantificação dos subsídios às exportações de manufaturados no Brasil.* Rio de Janeiro: COPPEAD/UFRJ, 1985. Dissertação de mestrado.)

[2] SCHMIDT, A. *Marketing de exportação*: uma avaliação da política brasileira de incentivos à exportação e sua contribuição às pequenas e médias empresas brasileiras. Rio de Janeiro, COPPEAD/UFRJ, 1976. (Dissertação de mestrado.)

A concentração nesse curto período de tempo sugere que uma força importante a impulsionar as empresas brasileiras ao investimento direto no exterior foi a abertura do mercado brasileiro no início da década de 1990. Outro fator poderia ter sido o Mercosul, mas esse só se efetivou a partir de 1995, não podendo explicar eventos ocorridos anteriormente.

Na segunda metade da década de 90, no entanto, a sobrevalorização cambial e a expansão do mercado doméstico, induzidas pelo Plano Real, estimularam as empresas a optar pelo mercado interno em detrimento do externo, ainda que a moeda valorizada favorecesse o investimento direto no exterior.

Finalmente, a crise cambial de 1999 e seus efeitos permitiram aumentar a competitividade dos produtos brasileiros no exterior, desestimulando, porém, a inversão no estrangeiro.

A que conclusões preliminares podemos chegar quanto aos estímulos externos examinados? Creio ser possível afirmar que os fatores externos, ou macroambientais, desempenharam papel importante tanto em "empurrar" as empresas a exportar na década de 1970 como em levá-las ao investimento direto no exterior na década de 1990.

Se as várias etapas no processo de internacionalização encontram-se tão claramente associadas a determinados períodos de tempo, é evidente que, se há momentos históricos que propiciam a internacionalização, há momentos históricos que podem impedi-la ou dificultá-la. É possível dizer, portanto, como corolário da afirmativa anterior, que *a internacionalização das empresas brasileiras foi impedida, ou, pelo menos, não foi facilitada por fatores ambientais exceto nos períodos indicados.*

O FATOR MOTIVACIONAL

Resultados de pesquisas realizadas com empresas exportadoras brasileiras indicam que essas empresas raramente "escolheram" a exportação. A maioria reagiu a estímulos externos que favoreciam essa atividade: mercado interno saturado, incentivos governamentais, pedidos inesperados vindos do exterior.

As pesquisas mostram, ainda, que as empresas que prosseguiram exportando – ou seja, não abandonaram a atividade exportadora – eram, em sua maioria, usuárias mais modestas dos incentivos governamentais: achavam os incentivos governamentais menos importantes e os utilizavam menos do que as empresas que deixaram de exportar.

Finalmente, um estudo aponta como principais motivos indicados por ex-exportadores, para o abandono das exportações, a falta de interesse em exportar e a falta de competitividade em mercados externos. A falta de interesse pela exportação pode ser lida como a preferência pelo mercado doméstico: mais fácil, mais familiar ou, até mesmo, mais lucrativo. Por sua vez, a falta de competitividade pode ser lida também, em muitos casos, como acomodação às menores exigências dos consumidores locais.

E o que pensam os empresários sobre os motivos de internacionalização via investimento direto no exterior de suas empresas na década de 1990? Quando fizemos essa pergunta recebemos respostas bastante variadas das empresas. Essas respostas foram agrupadas em cinco categorias: busca de crescimento pela conquista de mercados externos, consolidação de posição junto a clientes no exterior, sobrevivência da empresa, aparecimento de oportunidade a ser explorada e intenção estratégica.

Comparando todas essas motivações, o que se pode concluir quanto aos fatores que dificultam ou impedem a internacionalização?

Em primeiro lugar, se a saturação do mercado interno é uma causa para exportar e para investimentos diretos no exterior, *a atratividade de um amplo mercado interno é uma causa para não se internacionalizar*. Assim, muitas empresas brasileiras não se internacionalizam porque têm à sua disposição um grande mercado doméstico que lhes permite escoar sua produção sem incorrer nos custos e riscos das atividades internacionais.

Em segundo lugar, se os motivos reativos explicam a internacionalização via exportação, *a ausência de pedidos do exterior e de incentivos governamentais pode explicar por que algumas empresas não se internacionalizaram.* E por que teriam desaparecido esses motivos, que haviam levado empresas a exportar nas décadas de 1960 e 1970? Podemos supor que, com a recessão internacional da década de 1980 e o fechamento da economia brasileira, rarearam, de um lado, os pedidos inesperados do exterior e, de outro, os incentivos governamentais, que foram sendo extintos ao longo da década de 1980 e início da de 1990. Além disso, nessa mesma década de 1980, a expansão das exportações do Japão e dos Tigres asiáticos, mais baratas e, em muitos casos, de qualidade superior às brasileiras, exauriu a possibilidade de que o fluxo de pedidos inesperados do exterior continuasse ocorrendo. O fechamento da economia brasileira, por sua vez, reduziu a competitividade dos produtos brasileiros. Dessa forma, muitos dos motivos que haviam estimulado as empresas brasileiras a partir para a exportação desapareceram no decorrer dos anos 80, levando a que poucas empresas ingressassem no mercado internacional neste período.

Na década de 1990, a abertura de mercado e a entrada de concorrentes estrangeiros passou a representar uma ameaça para muitas empresas brasileiras, estimulando-as a buscar novos mercados para diversificar risco, fortalecer-se e aprender. Por sua vez, a criação do Mercosul permitiu expandir o mapa cognitivo de oportunidades de mercado dos empresários brasileiros, chamando-os a investir em países dessa região.

A figura 1 sintetiza os elos entre os fatores ambientais e os fatores motivacionais para explicar seu impacto na internacionalização das empresas brasileiras.

Figura 1

A Conexão entre Fatores Ambientais e Fatores Motivacionais na Internacionalização das Empresas

Fatores Ambientais	Fatores Motivacionais	Impactos na Internacionalização
Décadas de 1960-70 forte crescimento da economia brasileira grande expansão do comércio internacional política govern. de promoção à exportação	⇒ pedidos inesperados do exterior ⇒ incentivos governamentais	Estímulo à internacionalização via exportação
Década de 1980 recessão internacional expansão do Japão e Tigres asiáticos recessão, década perdida fechamento da economia	⇒ escasseiam os pedidos do exterior ⇒ os pedidos vão para a Ásia ⇒ escasseiam os incentivos à exportação ⇒ falta competitividade aos produtos brasileiros	Freio à internacionalização via exportação
Década de 1990: até 1995 abertura de mercado/entrada de concorrentes criação do Mercosul	⇒ percepção de risco no mercado doméstico aumenta ⇒ expansão do contexto de referência ⇒ abertura psicológica a novos mercados	Estímulo ao investimento direto no exterior
Década de 1990: 1995-98 expansão do mercado interno (após 1995) política cambial de sobrevalorização do real	⇒ atratividade do mercado doméstico aumenta ⇒ falta de competitividade das exportações	Freio à internacionalização via exportação; estímulo ao investimento direto no exterior
Década de 1990: 1998-2000 crise cambial de 1999/desvalorização do real	⇒ competitividade dos produtos brasileiros no exterior aumenta	Estímulo à internacionalização via exportação; freio ao investimento direto no exterior

O FATOR CULTURAL

A cultura, como disse Hofstede, é a programação coletiva da mente, que distingue os membros de um grupo dos de outro[3]. Essa programação significa que parte substancial dos comportamentos adquiridos no decorrer do processo de socialização do indivíduo são compartilhados com outros da mesma nacionalidade, mas não o são com indivíduos de outras nacionalidades. A cultura brasileira, de forma peculiar, programou-nos para ser, entre muitas outras coisas, relacionais. Para confiarmos nos amigos e desconfiarmos dos estranhos. Para, usando as expressões consagradas por Da Matta, nos sentirmos confortáveis na "casa" e desprotegidos ou desabrigados na "rua", metáforas para o que somos e o que é "o outro".

Essa peculiaridade cultural leva a dois comportamentos que podem ajudar a entender a dificuldade de internacionalização. O primeiro é a questão da percepção de distância psicológica, ou cultural, entre nós, brasileiros, e os outros povos, e as formas pelas quais procuramos mediar essa distância; o segundo é o papel da família como instituição social.

Distância cultural, termo utilizado na área de Negócios Internacionais, refere-se à percepção das diferenças culturais entre o meu país e outros países. Se sou brasileiro, tendo a considerar países como Portugal e Argentina mais "próximos" culturalmente, e a considerar países como Síria e Turquia mais "distantes".

Naturalmente, a percepção de distância cultural pode variar de indivíduo a indivíduo, dependendo das experiências obtidas no decorrer da vida. Se meus pais eram imigrantes alemães, a Alemanha passa a ser um país culturalmente próximo, talvez mais próximo do que Portugal. E se passei anos de minha vida no Líbano, esse país passa a ser, para mim, uma referência mais próxima

[3] Hofstede, Geert. *Cultures and organizations*: software of the mind. London: McGraw-Hill, 1991.

do que o seria para a maioria dos meus conterrâneos. Outros fatores podem ainda alterar as percepções de distância cultural. Entre eles, a afinidade em termos de idioma e os contatos de fronteira, que, como vimos no caso brasileiro, são fatores que serviram para distanciar e não para aproximar: a singularidade de um idioma compartilhado com poucos povos, todos eles geograficamente distantes, e a intransponibilidade da maioria das fronteiras do país, vedando a convivência com os povos vizinhos.

Assim, segundo as teorias de distância cultural, os brasileiros de forma geral, sem levar em conta as especificidades individuais, tenderiam a ver-se mais distantes do que próximos da maioria dos povos, com exceção daqueles que habitam as fronteiras do Sul, e de Portugal, com quem compartilha o mesmo idioma.

Uma evidência nesse sentido foi obtida em estudo singular, na década de 1980, que pedia a 153 executivos brasileiros responsáveis pela atividade de exportação de suas empresas, que indicassem em que medida consideravam cada um de 33 países, constantes de uma lista, semelhantes ou diferentes em relação ao Brasil, utilizando-se de uma escala de 7 pontos. Os resultados do estudo aparecem na figura 2.

Como se pode observar, *nenhum país foi percebido como muito semelhante ao Brasil* e apenas três foram percebidos como semelhantes: Portugal, Uruguai e Argentina (o país colonizador do Brasil e os vizinhos do Sul). Como "um pouco semelhantes" apareceram os outros países da América Latina constantes da lista. Todos os demais países foram vistos como diferentes, com apenas a França qualificando-se como "um pouco diferente". Ou seja, esses executivos percebiam o Brasil como distanciado de todos os demais países. E não se deve esquecer que os respondentes eram responsáveis pelas atividades internacionais de suas empresas, podendo-se esperar, por serem pessoas habituadas a lidar com estrangeiros e a viajar para o exterior, que, em conjunto, apresentassem maior afinidade com outros países do que a média dos brasileiros.

Figura 2

Percepção de Distância Cultural entre o Brasil e Mercados Externos por Executivos de Exportação

Muito semelhantes	Semelhantes	Um pouco semelhantes	Nem semelhantes, nem diferentes	Um pouco diferentes	Diferentes	Muito diferentes
	Portugal	Venezuela		França	Canadá	Síria
	Uruguai	Colômbia			EUA	Hong Kong
	Argentina	Espanha			Bélgica	Índia
		México			Israel	Japão
		Paraguai			Nigéria	Kuwait
		Bolívia			África do Sul	
		Peru			Tchecoslováquia	
		Chile			Reino Unido	
					URSS	
					Austrália	
					Argélia	
					Alemanha Ocidental	
					Polônia	
					Noruega	
					Grécia	
					Iugoslávia	

Fonte: Leite, H.; Rocha, A.; Figueiredo, K. A percepção cultural e a decisão de exportar. In: Rocha, A. (org.). *Gerência de exportação no Brasil*. São Paulo, Atlas; Rio de Janeiro, Ed. da UFRJ, 1988, p.67.

Pesquisas realizadas já na década de 1960 nos EUA indicavam que o processo de internacionalização das empresas era fortemente afetado pela percepção que os executivos tinham do resto do mundo. Falava-se, então, da orientação cosmopolita *versus* a orientação local, para indicar o executivo que percebia o mundo como seu mercado, em contraposição ao que limitava seu mapa cognitivo de oportunidades ao mercado doméstico. Empresas dirigidas por executivos de visão cosmopolita tenderiam a expandir-se para o exterior, enquanto as empresas dirigidas por executivos de orientação local tenderiam a permanecer limitadas ao mercado doméstico.

Em função dos fatores geográficos, do pouco contato com os povos de fronteira, de seu isolamento geográfico em relação aos demais países do mundo, a orientação dos brasileiros, de forma geral, tende a ser predominantemente local. O mundo externo tem pouco significado. Não se vê o brasileiro inserido em um mundo de vizinhos, mas, isolado dos mesmos, volta-se para si mesmo. As preferências do brasileiro são auto-centradas, como no caso da música (75% dos CDs adquiridos no Brasil são de música brasileira, o que é incomum em outros países)[4] e do esporte. Daí também o noticiário predominantemente local e a pouca referência, nesse noticiário, a eventos econômicos e políticos de países vizinhos. Uma exceção, nesse contexto, é a Argentina, cuja presença nas notícias se explica tanto pela interação comercial através do Mercosul como pela proximidade física e psicológica, derivada dos contatos de fronteira.

Por outro lado, não é por acaso que, no sul do Brasil, inúmeras pequenas e médias empresas engajaram-se no comércio internacional, enquanto outras, maiores, estabeleceram subsidiárias no exterior. Particularmente nos estados de Santa Catarina e Rio Grande do Sul pode-se reconhecer o impacto da relação com os países vizinhos, ampliando a visão internacional, que é ainda estimulada pela descendência de imigrantes de várias nacionalidades.

[4] Trilha da ilegalidade. *Jornal do Brasil*, caderno B, 6ª. feira, 14.12.2001, p.1-2.

Para que o brasileiro seja capaz de aceitar um estranho como parte da "casa", é necessário transformá-lo em amigo. O processo pelo qual se produz essa conversão não é, porém, simples, já que é necessário que as pessoas se conheçam e que se desenvolva a confiança, um termo que tão bem expressa a forma como se conduzem os relacionamentos no Brasil. Nas empresas que se multinacionalizam, é necessário dispor de um "homem de confiança" para que as subsidiárias possam ser implantadas e relações comerciais duradouras possam ser estabelecidas com outras empresas ou com consumidores de outros países.

Além de apoiar seu processo de internacionalização na disponibilidade de pessoas de confiança para dirigir subsidiárias em outros países, o empresário brasileiro também se defronta com a dificuldade de cooperar e de compartilhar o controle de um empreendimento com estrangeiros.

As origens desse comportamento se encontram igualmente na cultura brasileira. O brasileiro vê a família como a única instituição em que pode efetivamente confiar, o que contrasta, como observou o historiador Sérgio Buarque de Holanda, com a singular tibieza das demais instituições em nosso meio social. Tendo a família como grupo mais importante a que se pertence no Brasil, é natural que as empresas privadas sejam construídas como verdadeiras extensões da família, e que sirvam a seus interesses, sendo forjadas à sua imagem e semelhança. Por isso mesmo, o controle familiar do empreendimento é requisito fundamental, não se admitindo compartilhar tal controle com estranhos à família e à rede de relações pessoais.

Ao iniciar o processo de multinacionalização de sua empresa, o empresário brasileiro segue a mesma lógica que guia suas ações no Brasil. Dessa forma, procura manter o controle do negócio, mostrando forte preferência por subsidiárias de controle integral, evidenciando sua dificuldade em formar parcerias, *joint-ventures* e alianças estratégicas com estrangeiros. Limitado, portanto, a seu próprio investimento, reduz substancialmente suas possibilidades de expandir-se no exterior, além de abrir mão do conhecimento do mercado e das práticas de negócios no mercado externo, contribuição essa que poderia ser trazida por sócios locais. Ao fazê-lo, reduz, *a priori*, suas possibilidades de sucesso em outros mercados.

O DESAFIO DA INTERNACIONALIZAÇÃO

Como conclusão à discussão anterior, pode-se dizer que as empresas brasileiras não se internacionalizam pelas imensas dificuldades que a elas se apresentam, dificuldades essas que se originam do isolamento geográfico e lingüístico, da formação cultural e do impacto do ambiente sobre as motivações empresariais. Não derivam essas dificuldades necessariamente de complexo de inferioridade ou de falta de ousadia dos empresários brasileiros, como sugeriu o artigo da revista *The Economist* a que fizemos referência.

Dadas todas essas dificuldades, o que pode ser feito para facilitar e acelerar o processo de internacionalização das empresas brasileiras?

Em primeiro lugar, o isolamento geográfico e lingüístico pode ser moderado pela forte exposição de empresários e gerentes a contatos com estrangeiros, através de participação em feiras, missões, viagens culturais e cursos de curta, média e longa duração no exterior. Na mesma linha, deve-se privilegiar a educação em idiomas, particularmente aqueles programas de idiomas em que se passa um período em outro país, vivenciando-se a cultura e o idioma e estabelecendo-se contatos com nacionais do país.

Em segundo lugar, é fundamental trabalhar a questão cultural sob seus vários prismas, disseminando a formação de executivos internacionais, mais preparados para atuar no exterior. É curioso que ainda não existam, no país, programas de formação de executivos verdadeiramente internacionais, que estejam capacitados a atuar em condições culturais, sociais e econômicas distintas. Por outro lado, o processo de formação de quadros gerenciais brasileiros para a atuação global vem sendo feito por empresas multinacionais, que já há alguns anos começaram a transferir executivos brasileiros para postos em outros países, permitindo a gestação de uma nova elite de gerentes brasileiros com orientação global.

Finalmente, cabe ao governo o papel de estimular e coordenar esse processo. As políticas governamentais, de forma inteligente, podem ser desenhadas para reduzir as dificuldades ambientais, particularmente no plano econômico, permitindo que os fatores motivacionais se manifestem, propiciando a expansão internacional das empresas brasileiras.

CAPÍTULO 2

A EXPANSÃO DAS FRONTEIRAS: BRASILEIROS NO EXTERIOR

Antonio Barretto
Angela da Rocha

As empresas brasileiras iniciaram tardiamente seu processo de internacionalização. Após o ingresso de número substancial de empresas na atividade exportadora nas décadas de 1960 e 1970, o movimento em direção a mercados internacionais perdeu seu impulso, sendo poucas as empresas a abrirem subsidiárias no exterior até o final da década de 1980. Foi apenas na década de 1990, com os impactos combinados da abertura de mercado, estabilização da economia e ingresso de novos concorrentes no mercado brasileiro, que as empresas brasileiras iniciaram, de forma ainda tímida, sua expansão internacional via investimento direto no exterior.

Este capítulo apresenta os resultados de um estudo junto a um grupo de empresas brasileiras líderes que se encontravam no processo de tornar-se verdadeiras multinacionais, uma vez superadas as dificuldades que acompanham os primeiros passos em direção à multinacionalização. Especificamente, o estudo procurou explorar as seguintes questões: O que levou essas empresas a estabelecer subsidiárias no exterior? Que mercados e modos de entrada foram escolhidos no processo de internacionalização, em que seqüência e qual a lógica que presidiu tais escolhas?

Para tal, foram realizados dez estudos de casos com empresas brasileiras que abriram subsidiárias no exterior[1], extraídos de uma lista de 69 empresas identificadas a partir de levantamento em jornais e revistas de negócios. A seleção dos casos se fez a partir de seu grau de interesse para o tema estudado. Todas as empresas estudadas encontravam-se estabelecidas em mercados externos e comprometidas com seu processo de internacionalização, ocupando posição de liderança em seus setores, no Brasil, no que se refere a participação no mercado, qualidade de produto ou inovação. Nove das dez empresas entevistadas eram fabricantes de manufaturados e uma era uma empresa de serviços.

A INTERNACIONALIZAÇÃO DE EMPRESAS VIA INVESTIMENTO DIRETO NO EXTERIOR

Internacionalização pode ser definida como "...um processo de crescente envolvimento com operações internacionais"[2]. Essas operações internacionais podem ser essencialmente de dois tipos: para dentro (*inward*) e para fora (*outward*). A internacionalização para dentro se realiza através de, por exemplo, importações, obtenção de licenças de fabricação, compra de tecnologia ou contratos de franquia de empresas estrangeiras. A internacionalização para fora ocorre por meio de exportações, concessão de licenças ou franquias e investimento direto no exterior. Acredita-se que as duas direções, combinadas, permitam maior aprofundamento do processo de internacionalização das empresas.

---

[1] Os nomes das empresas foram disfarçados, conforme compromisso assumido com os entrevistados na realização do trabalho de campo. As entrevistas, com base em roteiro semi-estruturado, foram realizadas com executivos de topo da empresa, de forma geral o presidente. Informações de fontes secundárias, tais como *websites* das empresas e artigos de jornais e revistas foram também utilizadas no estudo. As entrevistas foram gravadas e transcritas.

[2] Welch, L. S. e Luostarinen, R. Internationalization: evolution of a concept. *Journal of General Management*, 14 (2) :34-64, 1988, p. 37.

Processos Decisórios e Motivações para o Investimento Direto no Exterior

Que fatores encontram-se associados à decisão de partir para mercados externos através de investimento direto? Essa questão foi amplamente examinada na literatura, embora os resultados não sejam convergentes. Há duas explicações concorrentes: de um lado, a idéia de que os processos decisórios de internacionalização são predominantemente racionais e objetivos e, de outro, a identificação de razões subjetivas e de natureza "não racional" para a internacionalização.

O primeiro conjunto de motivações encontra forte suporte na obra de economistas como Hymer[3], que identificou três conjuntos principais de razões pelas quais as empresas decidem partir para o investimento direto no exterior: neutralizar os concorrentes, explorar vantagens competitivas diferenciais ou diversificar-se. Por detrás desses motivos, predominam as lógicas da busca de lucro e da redução de risco, a guiar as decisões empresariais.

Também os teóricos da corrente de custos de transação defendem o princípio de que as decisões empresariais são racionais, ainda que nem todas as alternativas possíveis sejam efetivamente consideradas no processo decisório, tendendo, pelo contrário, a limitar-se a determinado subconjunto. Essa "racionalidade limitada" resultaria das limitações cognitivas na capacidade de comunicação e processamento de informações dos decisores, mesmo quando esses pretendessem agir de forma puramente racional.

Como se tomariam as decisões de investimento direto no exterior, então, segundo os teóricos do custo de transação? Essas decisões resultariam, segundo eles, da escolha de estruturas de governança, ou seja, da decisão entre utilizar a própria estrutura da empresa ou utilizar intermediários existentes no mercado. Quan-

---

[3] Hymer, S. H. *The international operations of national firms:* a study of foreign direct investment. Cambridge, Mass.: The MIT Press, 1976.

do fosse mais conveniente, lucrativo ou menos arriscado utilizar a própria estrutura da empresa, em lugar de utilizar outras firmas que já operassem no mercado externo, a decisão seria de abrir uma subsidiária no exterior. Em outras palavras, o investimento direto no exterior ocorreria quando os benefícios da internalização (ou seja, aqueles derivados de usar a própria estrutura da empresa) excedessem os seus custos. De modo geral, haveria uma certa tendência dos decisores a preferir a internalização devido a três tipos de falhas de mercado: custos de informação, oportunismo e especificidade de ativos.

Outra linha de estudos, porém, proporcionou fortes evidências de que as empresas não tomam decisões de investimento de forma racional e sistemática. O trabalho pioneiro de Aharoni[4] mostrou que o processo decisório de investimento direto no exterior não ocorria através de cuidadosa e racional seleção de alternativas, mas sim por decisões isoladas que se baseavam no fato de dada alternativa ser considerada ou não satisfatória. Além disso, a pesquisa de Aharoni evidenciou que fatores externos à própria decisão de investimento podiam impactar fortemente sobre a mesma.

Naturalmente, as evidências empíricas proporcionadas pela Escola de Uppsala pesaram definitivamente a favor da subjetividade no processo decisório de investimento direto no exterior. Explicitamente, os teóricos de Uppsala afirmaram que a internacionalização não seria "o resultado de uma estratégia para alocação ótima de recursos entre diferentes países", mas, ao contrário, "conseqüência de um processo incremental de ajustes a fatores da firma e de seu ambiente em mudança"[5]. Dentro dessa perspectiva, os gerentes considerariam cada decisão como única

---

[4] Aharoni, Y. *The foreign investment decision process.* Boston, Mass., Graduate School of Business Administration, Harvard University, 1966.

[5] Johanson, J. e Vahlne, J. E. The internationalization process of the firm: a model of knowledge development and increasing foreign market commitments. *Journal of International Business Studies*, 8 (1) :23-32, 1977, p. 26.

em função do contexto específico em que se apresentasse o problema. Quando confrontados com uma oportunidade em um mercado externo, não considerariam, alternativamente, outras oportunidades existentes em outros mercados. Em última análise, na visão de Uppsala, a alocação de recursos a mercados externos não seria feita através da "concorrência" entre esses mercados com base em considerações puramente racionais.

Posição intermediária é adotada por Kutschker e Bäurle[6], que reconheceram haver grande variabilidade no grau em que a internacionalização seria guiada por elementos menos ou mais objetivos e racionais. Em alguns casos, a internacionalização resultaria de um plano detalhado e rigoroso do ponto de vista analítico; em outros, porém, seria uma decisão incremental, mais baseada na experiência e construída passo a passo.

Alguns pesquisadores dos processos decisórios organizacionais já haviam indicado que as decisões empresariais raramente resultam de rigorosa racionalidade, mas que eventos, fatos, percepções, valores e afinidades teriam muito maior importância do que pareceria à primeira vista[7]. Além disso, o estudo de decisões e motivações passadas pode ser dificultado, particularmente se já se passou algum tempo após a decisão ser tomada. As motivações humanas podem ser suprimidas, reprimidas, racionalizadas ou simplesmente esquecidas. Um resultado positivo ou negativo pode também influenciar a forma pela qual as decisões são percebidas *ex-post facto*. De acordo com a teoria da atribuição, as pessoas tendem a atribuir a si mesmas os resultados positivos obtidos com suas próprias ações e a atribuir a fatores externos os resultados negativos.

---

[6] Kutschker, M. e Bäurle, I. Three + one: multidimensional strategy of internationalization. *Management International Review*, 37 (2) :103-125, 1997, p. 110.

[7] Veja-se, por exemplo, Mintzberg, H., Raisinghani, D., Théorêt, A. The structure of 'unstructured' decision processes. *Administrative Science Quarterly*, 21 (2) :151-61, 1976.

Enfoque mais recente à internacionalização considera a existência de empresas que já nascem internacionalizadas[8], ou seja, cuja atuação em mercados externos já é pretendida desde sua fundação. Esse fenômeno parece acentuar-se hoje na Europa, devido à integração econômica e política, levando as empresas dos países-membros a perceber o mercado europeu como uma unidade. Trata-se, então, da ampliação dos mapas cognitivos dos gerentes europeus, que passam a tomar como contexto de referência o mercado europeu, e não mais os respectivos mercados domésticos.

A Escolha de Mercados para o Investimento Direto no Exterior

Outra questão importante no processo de internacionalização refere-se a como as empresas decidem entrar em mercados externos. O modelo de internacionalização de Uppsala propõe que as empresas tendem a iniciar sua atuação internacional pela escolha de mercados que estão cultural ou psicologicamente mais próximos. À medida que se aprofunda seu processo de internacionalização, no entanto, passariam a ingressar em mercados percebidos como mais distantes do ponto de vista cultural.

Johanson e Vahlne, em seu artigo clássico sobre o processo de internationalização da firma, definem distância psicológica como "...a soma dos fatores prevenindo o fluxo de informação de e para o mercado"[9]. Esse construto também foi definido como "a

---

[8] São as chamadas *born globals*, empresas nascidas globais, ou *global start-ups*. Para uma perspectiva dessa teoria veja-se: Oviatt, B.M. e McDougall, P.P. Toward a theory of international new ventures. *Journal of International Business Studies*, First Quarter :45-64, 1994; Knight, G.A. e Cavusgil, S.T. The born global firm: a challenge to traditional internationalization theory. *Proceedings of the Third CIMaR Symposium*. Odense, Denmark, Odense University. 1995; Madsen, T. K. e Servais, P. (1996). The internationalization of "born globals" – an evolutionary process? *Proceedings of the Fourth CIMaR Symposium*. San Diego, California, 1996.

[9] Op.cit, 1977, p. 24.

importância percebida das similaridades culturais"[10] e como "componente da turbulência de marketing"[11]

Embora o conceito de distância psíquica tenha obtido suporte empírico em diversos estudos[12], outros não encontraram evidências empíricas da relação entre distância psíquica e escolha de mercados externos[13], ou entre distância psíquica e desempenho da empresa em sua atuação no exterior[14], levando a que se questionasse sua aplicabilidade à estratégia de marketing internacional[15].

Modos de Entrada no Investimento Direto no Exterior

Anderson e Gatignon[16] sugeriram que a escolha de modos de entrada em mercados externos podia ser considerada "um tema de fronteira em marketing internacional". Embora desde então o tema tenha sido objeto de diversos estudos, há ainda muitas ques-

[10] Reid, S. Migration, cultural distance and international market expansion. In: Turnbull, P. W. e Paliwoda, S. J. (eds.). *Research in International Marketing.* London: Croom Helm, 1986, pp. 22-34, p.18.

[11] Hallén, L. e Wiederscheim-Paul, F. Psychic distance and buyer-seller interaction. In: Buckley, P. J. e Gauri, P. *The internationalization of the firm:* a reader. London: Harcourt, 1993, pp. 291-302, p. 293.

[12] Bilkey, W. J. An attempted integration of the literature on the export behavior of firms. *Journal of International Business Studies,* 9 (1) :33-46, 1978; Dicthl, E., Leibold, M., Köglmayr, H. G. e Müller, S. Identifying export potential: a comparative analysis of German and Japanese firms. *Advances in International Marketing,* 1 :233-254, 1986; Gripsrud, G. The Determinants of export decisions and attitudes to a distant market: Norwegian fishery exports to Japan. *Journal of International Business Studies,* 21 (3) :469-86, 1990.

[13] Stöttinger, B. e Schlegelmilch, B.B. Explaining export development through psychic distance: enlightening or elusive? *International Marketing Review,* 15 (5) :357-372, 1998.

[14] Zou, S. e Stan, S. The determinants of export performance: a review of the empirical literature between 1987 and 1997. *International Marketing Review,* 15 (5) :333-356, 1998.

[15] O'Grady, S. e Lane, H. The psychic distance paradox. *Journal of International Business Studies,* 27 (2) :22-29, 1996.

[16] Anderson, e Gatignon, H. Modes of foreign entry: a transaction cost analysis and propositions. *Journal of International Business Studies* :1-26, Fall 1986.

tões a serem respondidas no que se refere a por que as empresas escolhem um modo de entrada e não outro.

Ao entrar em um mercado externo, a empresa pode escolher entre exportação, licenciamento ou investimento direto no exterior. Se abrir uma subsidiária (investimento direto) no exterior, a empresa pode optar entre criar uma nova empresa[17] ou adquirir alguma já existente; ou, em termos de propriedade, escolher entre uma subsidiária de propriedade integral ou uma *joint-venture*, majoritária ou minoritária.

A escola de Uppsala e outros teóricos da internacionalização gradual defendem a idéia de que a escolha de modos de entrada se processaria de forma incremental, iniciando-se por aqueles de menor comprometimento (exportação através de agentes) aos de maior comprometimento (como, por exemplo, subsidiária de propriedade integral), à medida que a empresa fosse adquirindo mais experiência em mercados externos. Outros teóricos, como Okoroafo[18], sugerem um padrão não incremental, do tipo ziguezague, em que a empresa escolheria o padrão mais apropriado de acordo com a situação específica.

De acordo com as teorias relacionadas ao custo de transação, a incerteza ambiental, a incapacidade de predizer os resultados a serem obtidos ou, ainda, a dificuldade para verificar o cumprimento de acordos[19] afetariam a escolha de modos de entrada. A decisão de modos de entrada é vista como envolvendo questões associadas a risco, retorno e controle. Níveis mais elevados de controle implicariam maior comprometimento de recursos e, em conseqüência, maior risco. Por outro lado, modos de entrada de baixo controle poderiam afetar o retorno esperado, ainda que não

---

[17] Chama-se, à criação de uma nova empresa, "*greenfield investment*", que é a alternativa à compra de uma empresa já existente (aquisição).

[18] Okoroafo, S. C. Strategic and performance issues associated with mode of entry substitution patterns. *International Marketing Review*, 14 (1) :20-38, 1997.

[19] Rindfleisch, A. e Heide, J. B. Transaction cost analysis: past, present and future applications. *Journal of Marketing*, 61 :30-54, Oct. 1997.

requeressem o mesmo comprometimento de recursos. Assim sendo, as empresas necessitariam ponderar controle, risco e retorno ao escolher um modo de entrada.

A incerteza é considerada pelos teóricos do custo de transação como um dos principais determinantes do modo de entrada. Reconhecem-se dois tipos de incerteza: incerteza externa, definida como a dificuldade em predizer mudanças no ambiente externo da empresa (incluindo fatores tais como instabilidade política e econômica, flutuações cambiais, falta de infraestrutura adequada e limitações trabalhistas) e a incerteza interna, caracterizada pela falta de conhecimento de mercado e pela incapacidade de a empresa avaliar o desempenho dos agentes em um mercado externo[20].

Erramilli e D'Souza[21] testaram empiricamente o impacto da incerteza sobre a escolha de modos de entrada por empresas de serviços, verificando que elevada incerteza externa estava relacionada a modos de entrada via investimento direto de baixo controle, quando a intensidade de capital era alta e para empresas menores; entretanto, a probabilidade de usar modos de entrada de alto controle era maior quando aumentava a incerteza externa, para empresas de baixa intensidade de capital e para empresas muito grandes. O estudo também identificou que as empresas se moviam para modos de entrada de baixo controle quando aumentava a incerteza interna.

Outros pesquisadores[22] sugeriram que os estudos anteriores consideravam a decisão de modo de entrada como isolada de outras decisões similares tomadas por empresas multinacionais. No

---

20 Anderson e Gatignon, op.cit., p.7; Mascarenhas, B. Coping with uncertainty in international business. *Journal of International Business Studies*, 13 :87-98, Autumn 1992; Erramilli, M. K. e D'Souza, D. E. Uncertainty and foreign direct investment: the role of moderators. *International Marketing Review*, 12 (3) :47-60, 1995.

21 Erramilli e D'Souza, op.cit.

22 Hill, C. W. L., Hwang, P. e Kim, W.C. An eclectic theory of the choice of entry mode. *Strategic Management Journal*, 11 :117-128, 1990; Kim, W.C. e Hwang, P. Global strategy and multinationals' entry mode choice. *Journal of International Business Studies* :29-53, First Quarter, 1992.

entanto, as empresas multinacionais, ao tomarem suas decisões, levam em conta a estratégia conjunta de suas subsidiárias, e não os interesses de cada subsidiária em particular.

Madhoc[23] propôs que a internalização seria preferida quando o *know-how* da empresa pudesse ser facilmente copiado e quando a probabilidade de o *know-how* ser copiado fosse percebida como maior do que as dificuldades de se adaptar ao país hospedeiro. Por sua vez, os modos de entrada cooperativos seriam preferidos se as vantagens competitivas da empresa fossem específicas de seu país de origem e não pudessem ser transferidas e quando a motivação para entrada em um mercado externo fosse o desenvolvimento de competências para o futuro, que pudessem ser mais facilmente atingidas por atuar em conjunto com um parceiro.

Outra pesquisa, por Barkema e Vermeulen[24], verificou se a diversidade de mercados em que a empresa atuasse e a diversidade das linhas de produto da empresa afetariam a escolha entre criar uma nova empresa ou adquirir uma já existente. Os resultados indicaram que a diversidade de mercados encontrava-se associada à escolha por criar novas empresas. Já a diversidade de produto se comportava como uma curva em U invertida, em que nos extremos (alta ou baixa diversidade de produto) as empresas tenderiam mais facilmente a adquirir empresas já existentes do que a comprar novas empresas.

Finalmente, há evidências de que a cultura influencia a escolha de modos de entrada em mercados externos, através de associações entre distância cultural e modos de entrada. Em alguns estudos, verificou-se que, quanto maior a distância cultural, maior a probabilidade de escolher uma *joint-venture* em lugar de uma subsidiária de propriedade integral; e quanto maior a aversão a risco dos decisores, maior a probabilidade de escolher uma *joint-venture* ou investimentos tipo *greenfield* (criação de novas empresas).

---

[23] Madhoc, A. Cost, value and foreign market entry: the transaction and the firm. *Strategic Management Journal*, 18 :39-61, 1997.

[24] Barkema, H.G. e Vermeulen, F. International expansion through start-up or acquisition: a learning perspective. *Academy of Management Journal*, 41 (1) :7-26, 1998.

Investimento Direto no Exterior por Firmas Provenientes de Mercados Emergentes

O investimento direto no exterior por empresas de países emergentes é um fenômeno novo e pouco estudado. Pouco se sabe sobre como as empresas de economias emergentes entram em mercados internacionais através de investimento direto no exterior, uma vez que a maior parte dos estudos provém de países desenvolvidos.

Analisando as estratégias de sobrevivência de empresas locais em mercados emergentes, Dawar e Frost[25] indicaram que, embora as empresas multinacionais provenientes de países desenvolvidos tenham à sua disposição um conjunto amplo de conhecimentos sobre como ingressar em mercados emergentes, o mesmo não se pode dizer das empresas locais. A partir de estudos de casos, os autores argumentam que, se a empresa puder transferir suas vantagens competitivas de seu mercado doméstico para outros mercados, ela deve se tornar uma empresa internacional. Entretanto, dependendo de se as pressões da globalização forem altas ou baixas em sua indústria, as estratégias de internacionalização devem orientar-se para a expansão a mercados externos similares (quando as pressões forem baixas) ou para encontrar nichos no mercado global.

Bartlett and Ghoshal[26] , por sua vez, examinaram de que forma as empresas que aspiram à multinacionalização, provenientes de países periféricos, poderiam tornar-se participantes globais em suas indústrias. Também a partir de estudos de casos, os autores determinaram que os fatores psicológicos poderiam tornar-se um empecilho à internacionalização, incluindo-se entre eles os complexos de inferioridade derivados da origem nacional, a cegueira com relação a oportunidades em mercados externos ou o temor de fracassar. Se a empresa fosse capaz de libertar-se desse "passivo de

---

[25] Dawar, N. e Frost, T. Competing with giants: survival strategies for local companies in emerging markets. *Harvard Business Review*, 77 (2) :119-129, 1999.

[26] Bartlett, C.A. e Ghoshal, S. Going global: lessons from late movers. *Harvard Business Review*, 78 (2) :132-142, 2000.

origem", teria que escolher uma estratégia de entrada em mercados internacionais. Os autores sugerem que essas empresas poderiam se beneficiar de vantagens que se apresentam aos entrantes tardios, quer encontrando nichos, quer explorando oportunidades derivadas da rigidez dos modelos de negócios de seus concorrentes. As empresas que efetivamente venciam o passivo de origem e eram capazes de lançar-se aos mercados externos, de modo geral, eram dirigidas por líderes visionários, que acreditavam no potencial de suas empresas atuarem nos mercados internacionais.

Machado-da-Silva, Casali e Fernandes[27] sugeriram que o contexto de referência de uma empresa teria forte impacto sobre o processo de internacionalização e sobre as mudanças na organização daí decorrentes. Evidências empíricas colhidas de estudos de casos de empresas brasileiras indicaram que, quando os gerentes priorizavam o ambiente nacional, a internacionalização da firma não parecia resultar em importantes mudanças na filosofia da organização, em seus valores ou em sua estratégia. No entanto, quando os gerentes percebiam a empresa competindo em um contexto mais amplo – o mercado internacional – as mudanças na filosofia, estratégia e valores eram bem mais profundas e radicais.

AS EMPRESAS BRASILEIRAS SE MULTINACIONALIZAM

Os resultados apresentados a seguir foram obtidos dos dez casos estudados. O Anexo 2.1 apresenta informações gerais sobre as empresas. O processo de internacionalização das dez empresas é resumido no Anexo 2.2.

[27] Machado-da-Silva, C. L.; Casali, A. M. e Fernandes, B. H. R. Internationalization and organizational change: a multi case study of Brazilian organizations. *Latin American Business Review*, 2 (3/4) :61-96, 2001.

Motivações para a Internacionalização de Empresas Brasileiras

Uma multiplicidade de motivos se apresenta durante o processo de multinacionalização das empresas brasileiras, variando de acordo com o momento, os mercados e os modos de entrada. Em três casos, o motivo para iniciar as exportações foi o recebimento de pedidos inesperados do exterior, mas em outros seis casos as próprias empresas iniciaram o processo de prospecção de mercados externos. Seus motivos eram, em alguns casos, oportunistas, como o desejo de vender excedentes de produção em outros mercados, mas freqüentemente pró-ativos, como o desejo de expandir os negócios e internacionalizar-se.

À medida que as empresas decidiam comprometer-se mais com a exportação, outros motivos começaram a manifestar-se, tais como o desejo de aumentar a competitividade das empresas, conquistar novos clientes, superar a saturação do mercado doméstico, explorar novas oportunidades ou seguir sua *network* em um novo mercado. Finalmente, ao decidir investir em outro país, os motivos percebidos pelos dirigentes foram diversificar riscos, explorar oportunidades, obter uma posição dominante no mercado regional (América do Sul, Mercosul), seguir a *network*, ou, ainda, servir melhor a seus clientes. Essa lista parcial sugere que os motivos para a internacionalização são contingentes da indústria, tipo de negócio, características dos decisores, estágio e grau de internacionalização, assim como de outros fatores – o que parece efetivamente ocorrer.

Apesar da variedade de motivos em diferentes momentos do desenvolvimento internacional da firma, certos padrões dominantes de motivação foram identificados, em associação com a decisão de investimento direto no exterior. Cinco padrões de motivação para o estabelecimento de subsidiárias no exterior foram identificados nesse estudo: crescimento, consolidação, sobrevivência, oportunidade e intenção estratégica.

Crescimento

Este primeiro grupo reúne as empresas que, dada sua elevada participação, têm um problema de limitação do crescimento no mercado doméstico. Para essas empresas, o custo de aquisição de novos percentuais no mercado doméstico é demasiadamente elevado, quando comparado às oportunidades de expansão em mercados externos. Assim, a ação internacional, seja sob que forma for, torna-se um imperativo para o crescimento.

Quatro, entre as empresas analisadas, se enquadram nesta categoria, com participações da ordem de 42% a 60% (A); entre 70 e 80% (B); entre 30 e 70% (D); e 60% (H). As quatro empresas eram líderes em suas respectivas indústrias e não percebiam maiores oportunidades de crescimento no mercado brasileiro. A expansão internacional era vista pelos gerentes como a única forma de manter as taxas históricas de crescimento.

Essa motivação geralmente aparece em fases mais avançadas da história da empresa, quando a mesma atinge uma posição de liderança em seu mercado doméstico. Normalmente, os primeiros passos na internacionalização não são inspirados pelo desejo de crescer. Aliás, é interessante observar que duas dessas empresas começaram a exportar por terem recebido pedidos inesperados de clientes de outros países. É provável que esses pedidos inesperados não tenham ocorrido de forma aleatória e sim que essas empresas já apresentassem, àquela época, a excelência de produtos que as levaria, mais tarde, à liderança de mercado[28].

Consolidação

Para algumas empresas, a motivação mais destacada para investir em sua internacionalização foi consolidar uma estrutura de

[28] O que seria consistente com a análise realizada por Liang, N. Soliciting unsolicited export orders. are recipients chosen at random? *European Journal of Marketing*, 29 (8) :37-59, 1995.

atendimento mais adequada às necessidades de seus clientes no exterior. Isto envolvia a necessidade de estar presente no mercado específico, acompanhando as variações conjunturais e reconhecendo prematuramente as mudanças nos desejos de seus clientes; a necessidade de dispor de estoques no mercado externo para atender prontamente (*just-in-time*) a pedidos, evitando as incertezas do transporte internacional, e eventuais quebras de estoque; e a necessidade de oferecer melhor atendimento pós-venda, estando sempre perto do cliente, ao invés de confiar a terceiros tal responsabilidade.

Três empresas foram classificadas neste grupo, por apresentarem, em seu processo de internacionalização, esse motivo como dominante: B, E e G. Duas dessas empresas estabeleceram subsidiárias no mercado norte-americano paraatender melhor a seus clientes. No caso da outra empresa, o tempo entrea recepção de pedidos e a entrega de produtos a seus clientes europeus era de tal forma crucial que o investimento direto no exterior se tornou um imperativo para consolidar sua posição em certos mercados externos.

Sobrevivência

Algumas vezes – e provavelmente em número cada vez maior de casos – a motivação dominante para a internacionalização das empresas é, dadas as regras vigentes em seus mercados de atuação, a simples sobrevivência. Isto ocorreu em casos nos quais as empresas eram fornecedoras de indústrias globalizadas, em que as decisões de fornecimento escapavam ao âmbito doméstico. Nestas condições, as empresas encontravam-se diante do desafio de internacionalizar-se para sobreviver ou desaparecer.

Quando a opção é a sobrevivência, a empresa doméstica necessita tornar-se internacional. Seus clientes globais exigem sua presença em vários mercados distintos, e ela se move para esses mercados como seguidora da líder em sua *network* de fornecimento. Sequer a escolha de mercados é sua opção, mas sim uma imposição da localização de seus grandes clientes.

Assim, os processos de internacionalização dessas empresas caracterizam-se por forte conexão entre as direções *inward* (para dentro) e *outward* (para fora), como previsto por Welch e Luostarinen[29]. Observam esses autores, que, "em alguns aspectos, as formas mais desenvolvidas de conexões *inward-outward* são aquelas vistas nas complexas redes que muitas empresas multinacionais desenvolveram com e entre suas subsidiárias...[assim como] as alianças estratégicas e outras formas de cooperação entre empresas carregam uma conexão mais direta entre os movimentos de internacionalização *inward e outward*..."

Esta observação explica adequadamente os dois casos que se enquadram nesta categoria: as empresas C e F. Ambas as empresas eram fornecedoras da indústria automotiva. Além de seus produtos dependerem de tecnologia estrangeira, a reestruturação mundial do setor, com cada montadora negociando seus contratos de compra com apenas dois fornecedores globais, por componente ou insumo, forçou essas empresas a buscar a melhor inserção possível nas *networks* de empresas líderes internacionais.

Oportunidade

Este caso, não relatado na literatura, seria o de uma empresa voltada para a exploração de oportunidades que se apresentem, sem que estas obedeçam a estudo prévio detalhado. Trata-se de um comportamento do tipo "satisfatório", onde a cada oportunidade que se apresenta é esta confrontada com algum critério de avaliação (ou conjunto de critérios), interno à empresa, quanto a se esta oportunidade é, ou não, satisfatória. Em outras palavras, não se trata de comportamento maximizador.

Apenas a empresa I compõe este grupo de motivação para a internacionalização. Sob forte influência de seu líder, a empresa de-

---

[29] Welch, L.S. e Luostarinen, R. Inward-outward connections in internationalization. *Journal of International Marketing*, 1 (1) :46-58, 1993.

senvolveu uma filosofia de franca abertura para as oportunidades, segundo a qual o importante é cultivar os relacionamentos e estar atento para as possibilidades de negócio. Foi assim que aconteceram suas primeiras exportações, bem como todos os seus investimentos diretos no exterior. Como resultado, a empresa, além de participar de inúmeros empreendimentos no Brasil, muitos deles em parcerias com empresas estrangeiras, estava presente em diversos negócios no exterior, particularmente na América do Sul. Esta filosofia plasmou um conglomerado diversificado, com negócios nas áreas de energia, telecomunicações e construção e mais de 30 alianças estratégicas e acordos tecnológicos com empresas multinacionais de países desenvolvidos, tais como os EUA, a Alemanha e o Japão, assim como outras importantes empresas brasileiras.

Intenção Estratégica

Finalmente, a abertura de subsidiárias no exterior pode resultar da visão estratégica dos dirigentes. Esse foi o caso da empresa J, que partiu diretamente de operações puramente domésticas para o investimento direto no exterior, já que seu produto, com forte componente de serviços, não se adequava facilmente à exportação. No início dos anos 90, os dirigentes da empresa perceberam que o mercado tenderia a apresentar alta rivalidade com a entrada de poderosos concorrentes estrangeiros. A alta direção concluiu, então, que para tornar-se mais competitiva, a empresa precisaria adquirir experiência internacional e aprender os métodos operacionais de seus concorrentes, no mercado norte-americano. A entrada nesse mercado também foi vista como oportunidade de ter acesso ao mercado de capitais dos EUA.

Ao mesmo tempo, decidiu-se que os países do Mercosul, especialmente a Argentina, apresentavam novas oportunidades para a empresa e propiciavam diversificação de risco, por permitir à empresa estar presente em vários países. Como esses mercados eram menores, haveria menos interesse por parte dos grandes concorrentes internacionais. Além disso, a empresa havia sido extremamente bem-sucedida ao aplicar modernas técnicas de *marketing* no mercado brasileiro, permitindo-lhe obter elevadas taxas de crescimento na década de 1980. Os executivos acreditavam que empresas menores e mais conservadoras na Argentina não dispunham do *know-how* de *marketing* para competir eficazmente com a empresa brasileira.

A consideração mais importante, porém, era provavelmente o fato de que o presidente e fundador da empresa desejava internacionalizá-la. Quando se apresentou o momento e a empresa parecia preparada para mover-se em direção ao mercado internacional, o fundador e executivo principal da empresa tornou-se o campeão desse processo. Pode-se argumentar, *a posteriori*, que outras ações estratégicas poderiam ter servido igualmente bem, ou melhor, para defender a empresa das ameaças estratégicas antecipadas. No entanto, a internacionalização foi a resposta estratégica mais compatível com os desejos dos dirigentes da empresa.

Esta análise das motivações das empresas para o investimento direto no exterior sugere que, embora sejam muitos os motivos no decorrer do processo de internacionalização, alguns motivos parecem estar especificamente associados a esse modo de entrada. De fato, os padrões de motivação encontrados permitem algumas extrapolações.

Crescimento e consolidação foram os motivos mais comuns a mover as empresas da exportação para a abertura de subsidiárias no exterior: em seis das dez empresas estudadas esses motivos apareceram fortemente associados a sua decisão de abrir subsidiárias no exterior. Esses dois motivos são consistentes com a teoria de internacionalização por estágios: à medida que as empresas expandiram suas atividades para o exterior, a abertura de subsidiárias mostrou ser um passo natural para maior comprometimento com as operações internacionais.

As outras três motivações – sobrevivência, oportunidade e intenção estratégica – são, porém, de natureza bastante distinta.

A sobrevivência como motivação para o investimento direto no exterior não tem sido considerada pelas teorias de internacionalização, ao menos sob a forma identificada neste estudo. As duas empresas incluídas nessa categoria não tinham escolha entre internacionalizar-se ou não. À medida que foram desenvolvendo seus vínculos com uma vasta *network* na indústria automobilística, tanto a decisão de se internacionalizar e abrir subsidiárias no exterior quanto a escolha de mercados deixaram, de certa forma, de caber-lhes. Em nosso estudo, os dirigentes das duas empresas nessa categoria estavam plenamente conscientes das potenciais implicações de suas decisões, mas percebiam, aindaque a contragosto, não haver outras alternativas viáveis.

Isso ocorre, no momento, em indústrias globais, tais como a automotiva, em que os fornecedores atendem a grandes clientes globais. Com a maior concentração das indústrias fornecedoras, em decorrência da redução do número de empresas que atendem às grandes montadoras, os fornecedores se vêem diante da decisão de seguir seus clientes e estabelecer subsidiárias nos países em que as montadoras operam ou pretendem fazê-lo, ou não. Se o fornecedor decide não seguir a *network*, o resultado mais provável será sua exclusão, o que em geral significa o fim da empresa. Por vezes, no caso de uma pequena firma, esta poderá vir a ser subcontratada por outros fornecedores e cair para escalões inferiores da cadeia de suprimentos. Nessas indústrias, portanto, um grande fornecedor doméstico, a fim de sobreviver, deve tornar-se internacional. Os clientes globais exigem sua presença em mercados no exterior onde mantêm suas instalações de montagem.

Esta situação mostra uma conexão entre a internacionalização para dentro (*inward*) e para fora (*outward*)[30]. À medida que as grande montadoras foram-se tornando empresas globais, há algumas décadas, seus fornecedores se viram diante do imperativo de internacionalizar-se. Esses fornecedores, incialmente, eram em-

---

30 Conforme previsto por Welch e Luostarinen, op.cit., 1993.

presas cujo raio de atuação se restringia ao mercado doméstico, em cada um dos países onde as montadoras dispunham de instalações de produção. O atendimento a uma montadora no mercado doméstico implicava a necessidade de acesso a tecnologias desenvolvidas no exterior, o que levou ao estabelecimento de *joint-ventures* com empresas licenciadoras, muitas vezes também pertencentes à *network* de fornecimento da montadora. No passo seguinte, a globalização e a maior competição nessas indústrias mudaram a natureza dos relacionamentos entre montadoras e fornecedores. Enquanto as montadoras partiam para a adoção de plataformas globais, os fornecedores passaram a ter a obrigação de atendê-las em grande número de mercados. As indústrias fornecedoras foram assim guindadas à internacionalização pelas clientes montadoras.

O comportamento oportunístico[31] das firmas é outra possibilidade a ser explorada ao se estudar as motivações para a internacionalização. Quando uma empresa abre subsidiária no exterior ou se envolve em *joint-venture* devido ao surgimento de uma oportunidade, a situação parece ser bem semelhante à aceitação de pedidos inesperados na exportação e, provavelmente, não deveria merecer maiores atenções. Mas quando um padrão de motivação oportunística pode ser identificado, ou seja, quando uma empresa considera sistematicamente este tipo de oportunidade em mercados externos, então um modelo distinto está emergindo e também deve ser encarado como alternativa à abordagem tradicional à internacionalização.

Uma empresa que age movida por considerações oportunísticas pode não ter considerado a internacionalização como alternativa estratégica, e pode não fazê-lo mesmo depois de já tê-la iniciado. No entanto, é preciso que os dirigentes destas firmas não apresen-

---

[31] O termo "comportamento oportunístico" é aqui utilizado sem conotações negativas, expressando a prática de se explorar novas oportunidades à medida que estas surgem para os gerentes.

tem fortes barreiras cognitivas a mercados internacionais, de modo a reconhecer tais oportunidades como merecedoras de atenção. A firma internacional oportunística não vê as fronteiras do mercado doméstico como empecilho às suas atividades. Poder-se-iam melhor entender as percepções dos gerentes neste tipo de firma como cobrindo um contexto mais amplo de referência, que inclui oportunidades dentro dos limites da indústria ou indústrias em que a empresa opera, em vez daqueles das fronteiras do país. É possível que as firmas nascidas globais compartilhem este mesmo tipo de característica.

Finalmente, a intenção estratégica foi outro padrão de motivação que pôde ser identificado. Os críticos do modelo de internacionalização de Uppsala sugerem que esta teoria não abarca o comportamento estratégico das empresa[32]. Os gerentes de uma das empresas aqui estudadas via claramente a internacionalização como parte de uma estratégia que a converteria de pequena empresa local em grande firma nacional e, mais adiante, em empresa internacional. Seu processo de internacionalização não era resultado de maior comprometimento através de aprendizado, eventos fortuitos ou acaso, mas uma ação intencional em que os decisores sabiam exatamente o que queriam para sua empresa e partiram para a implementação quando as condições externas pareceram apropriadas.

A Seqüência de Modos de Entrada

Neste estudo, foram identificadas quatro seqüências de modos de entrada. Uma vez que os movimentos de internacionalização para dentro (*inward*) mostraram-se decisivamente vinculados à internacionalização para fora (*outward*) em pelo menos um caso, essa seqüência foi incluída entre as a seguir discriminadas.

---

[32] Conforme Melin, L. Internationalization as a strategy process. *Strategic Management Journal*, 13 :99-118, 1972.

Seqüência "Exportação ± Investimento Direto no Exterior". Esta foi a seqüência mais comum de modos de entrada, constatada em sete dos dez casos estudados (Empresas A, B, C, E, G, H, I). As empresas iniciaram seu processo de internacionalização por meio da exportação, partindo mais tarde para o investimento direto no exterior pelo estabelecimento de instalações produtivas, armazéns ou centros de distribuição no exterior.

Seqüência "Exportação ± Investimento Direto no Exterior ± Licenciamento". Uma empresa (Empresa D) partiu da exportação para o investimento direto no exterior e, a seguir, para o licenciamento. Esta empresa via o licenciamento como modo de introduzir seus produtos em mercados estrangeiros. À medida que os mercados se tornassem suficientemente atraentes, a empresa pretendia estabelecer instalações produtivas.

Seqüência "Internacionalização para Dentro ± Exportação ± Investimento Direto no Exterior". Uma empresa (Empresa F) iniciou sua internacionalização adquirindo tecnologia para atender ao mercado doméstico. A licenciadora posteriormente adquiriu participação na empresa. Esta última começou a exportar valendo-se da *network* da sócia estrangeira e, finalmente, estabeleceu subsidiárias no exterior sob a forma de *joint-ventures*.

Seqüência "Somente Investimento Direto no Exterior" – Uma empresa (Empresa J) deu seu primeiro passo internacional por meio de investimento direto no exterior, já que seu produto não era muito adequado à exportação.

Uma série de considerações pode ser feita quanto à seqüência de modos de entrada. Em primeiro lugar, a decisão de investir no exterior não significa, em geral, que uma empresa não prosseguirá com suas atividades de exportação, mas que diferentes mercados podem ser atendidos através de distintos modos de entrada. À medida que aumenta a complexidade das operações internacionais, as empresas passam a empregar diferentes modos dependendo do mercado a ser atendido, sua importância para a empresa, seu tamanho, potencial, distância e outros fatores. Em alguns casos, a empresa pode utilizar uma subsidiária para exportar para mercados geograficamente mais próximos, em lugar de exportar a partir da matriz.

Em segundo lugar, embora diferentes modos possam ser usados simultaneamente, a idéia de passos seqüenciais, partindo de modos de entrada com menor comprometimento para outros com maior comprometimento, se mostra válida para todas as empresas estudadas, com exceção da Empresa J. Mesmo neste caso, as especificidades do produto provavelmente explicam por que a empresa não iniciou suas atividades internacionais através da exportação. Em todos os demais casos, a exportação precedeu o investimento direto no exterior e, em um caso, o licenciamento veio após a exportação e o investimento direto no exterior. Estas seqüências são previstas na literatura sobre internacionalização[33].

No entanto, ao se considerar mercados específicos, algumas empresas não seguiram a abordagem seqüencial. Por exemplo, sem ter anteriormente exportado para aqueles mercados, a Empresa A abriu uma subsidiária na Argentina, a Empresa B na Alemanha, a Empresa D em Portugal e a Empresa H no Chile. Isso sugere que, ao menos na experiência brasileira, o modelo seqüencial funciona na maioria dos casos para a empresa como um todo, mas não para cada empresa em cada um de seus mercados de atuação.

Em terceiro lugar, a conexão entre a internacionalização para dentro (*inward*) e para fora (*outward*) discutida na literatura[34] foi comprovada em dois dos casos estudados. Em ambos os casos a

[33] Johanson e Vahlne, op.cit.,1977; Johanson, J. e Vahlne, J. E.(1990). The Mechanism of internationalization. *International Marketing Review,* 7 (4) :11-24, 1990; Welch e Luostarinen, op.cit.,1988; Rugman, A.M. (1981). *Inside the multinationals:* the economics of internal markets. New York: Columbia University Press, 1981.

[34] Welch e Luostarinen, op.cit.,1993; Korhonen, H., Luostarinen, R. e Welch, L. Internationalization of SMEs: Inward-outward patterns and government policy. *Management International Review,* 36 (4) :315-329, 1996.

internacionalização para dentro abriu caminho para a internacionalização para fora, embora em um caso a empresa já estivesse exportando e já contasse com uma primeira ação de investimento no exterior. Além disso, a maioria das demais empresas estudadas também estava envolvida em alguma forma de transferência internacional de tecnologia, encontrando-se tais experiências fortemente interligadas a suas trajetórias de internacionalização.

Ritmo e Modos de Entrada

Outra consideração importante diz respeito ao ritmo da passagem da exportação ao investimento direto no exterior. O Quadro 2.1 mostra os anos em que estas decisões foram tomadas pelas companhias estudadas.

Quadro 2.1

Ritmo de Início das Exportações e do Investimento Direto no Exterior

Empresa	Ano			Nº de Anos entre a Exportação e o Investimento Direto no Exterior "Comprometido"
	Exportação	Primeiro Investimento Direto no Exterior	Investimento Direto no Exterior "Comprometido"	
A	1972	1976	1992	20 anos
B	1969	1986	1986	17 anos
C	1950	1981	1993	43 anos
D	1961	1991	1991	30 anos
E	1979	1991	1991	12 anos
F	1983	1988	1988	05 anos
G	1989	1990	1990	01 ano
H	1965	1977	1997	32 anos
I	1972	1976	1992	20 anos
J	--	1991	1991	--

A decisão de investimento direto no exterior foi dividida em duas categorias. A primeira foi denominada "Primeiro Investimento Direto no Exterior" e se refere à primeira decisão cronológica de estabelecimento de uma subsidiária no exterior. No entanto, uma análise mais aprofundada dos dados sugeriu que, em diversos casos, as empresas haviam feito um investimento inicial em um mercado externo devido a uma oportunidade inesperada, mas este não teve seguimento ou foi totalmente desativado, não tendo a empresa realizado outros investimentos diretos no exterior até período bastante posterior. Devido à natureza oportunística destes investimentos, bem como à sua descontinuidade, decidiu-se registrar também o ano em que a empresa reativou seu desejo de estabelecer subsidiárias no exterior. A data de reativação do investimento direto no exterior aparece no quadro sob o título "Investimento Direto no Exterior 'Comprometido'" .

As diferenças entre as datas do "Primeiro Investimento Direto no Exterior" e o "Investimento Direto no Exterior 'Comprometido'" apontam para quatro casos em que as empresas realizaram investimento inicial no exterior, mas interromperam este modo de entrada por vários anos. A Empresa A, por exemplo, investiu em instalações de armazenagem e assistência técnica para apoiar um grande esforço de exportação para o Iraque, Angola e Argélia, mas dois anos depois as fechou e parou de exportar para esses países, devido a problemas políticos. Foi apenas 15 anos mais tarde que a empresa decidiu abrir uma subsidiária no exterior.

A Empresa C adquiriu uma pequena empresa no Uruguai no começo dos anos 80 de modo a se beneficiar de determinadas vantagens fiscais oferecidas pelo governo local. Era reduzido o processamento realizado na fábrica uruguaia, apenas o suficiente para justificar a exportação de produtos para a Argentina sob a etiqueta "Made in Uruguay". Com a mudança no regime tarifário, a empresa uruguaia não foi mais utilizada para exportar para a Argentina, sendo as exportações retomadas pela matriz brasileira. A Empresa C não se desfez do investimento por não conseguir encontrar compradores para a antiga fábrica, mas a subsidiária tornou-se insignificante para a matriz. Doze anos mais tarde a empresa se engajou em um esforço mais comprometido de internacionalização via investimento direto no exterior.

A Empresa H adquiriu uma pequena empresa no Paraguai na década de 1970 devido à oportunidade oferecida por empresários locais. Não houve muito planejamento, nem análise sistemática do mercado local. Esta empresa não expandiu seus investimentos no exterior durante os 20 anos que se seguiram, até sentir que sua posição no mercado brasileiro era suficientemente sólida para permitir um direcionamento de recursos para outros mercados.

Finalmente, em meados dos anos 70, um grupo de empresários solicitou à Empresa I que participasse de uma *joint-venture*, em que a firma brasileira aportaria a tecnologia e os sócios locais entrariam com o conhecimento do mercado. Devido a seu contínuo interesse por novas oportunidades, o presidente considerou a oferta atraente, adquirindo uma participação no empreendimento. Posteriormente, a Empresa I se desfez da participação, reiniciando seus investimentos diretos no exterior somente no início da década de 1990, mais de 15 anos depois.

O número de anos entre a exportação e o investimento direto no exterior "comprometido" foi razoavelmente longo para a maior parte das empresas. Exceto no caso das empresas F, G e J, o número de anos entre a exportação e o investimento direto no exterior comprometido variou de um mínimo de 12 a um máximo de 43. Uma observação mais detalhada do Quadro 2.1 revela que em oito dos dez casos, o investimento direto no exterior "comprometido" ocorreu ao longo da década de 1990. Das duas empresas que não seguiram este último padrão, uma produzia autopeças, tendo seu processo de internacionalização seguido o ritmo ditado pela indústria automobilística. Além disso, seis empresas escolheram iniciar seu investimento direto no exterior entre 1990 e 1992.

Essa concentração de investimento direto no exterior em tão curto período de tempo sugere que a principal força ambiental a impelir as empresas brasileiras na direção da internacionalização foi a abertura dos mercados brasileiros a produtos e investimentos estrangeiros, a partir de 1990, e não a criação do Mercosul, que de fato só se tornou efetivo em 1995, ou a estabilização econômica, que se deu desde 1994. Pode-se argumentar que a significativa redução das barreiras tarifárias às importações no começo da década de 1990 poderia ser vista pela gerência das empresas como sinal precoce de maior liberalização e desregulamentação da economia, exigindo mudanças rápidas nas estratégias das empresas.

Estes resultados sugerem que fatores macroambientais desempenham importante papel na decisão de internacionalização de empresas em economias emergentes, qualquer que seja o modo de entrada em um mercado externo. A decisão de investir no exterior, mais especificamente, parece ser extremamente sensível ao macroambiente, como se pode observar no caso brasileiro.

Escolha de Mercados Externos para o Investimento Direto no Exterior e Distância Psíquica

Um total de 34 decisões de investimento direto foram tomadas por essas empresas, e outras cinco possibilidades estavam em estudo. Sete dos 34 empreendimentos não mais existiam à época do estudo.

Analisou-se a localização desses investimentos, tendo-se observado padrões interessantes que parecem sustentar a idéia de que a distância psíquica com relação a mercados externos é importante mediador para a decisão de investimento direto no exterior, ao menos durante os primeiros passos. O Quadro 2.2 mostra a distribuição de investimentos diretos no exterior por país e grupamento cultural:

Quadro 2.2

Distribuição de Investimentos Diretos no Exterior por País e Grupamento Cultural

Culturas/Países	*Número de Investimentos*	*Investimentos em Estudo*
Culturas Latinas	*23*	*5*
- Argentina	10	1
- Portugal	3	-
- Chile	3	1
- Venezuela	2	1
- Paraguai	2	-
- Uruguai	1	-
- México	1	1
- Itália	1	-
- Colômbia	-	1
Culturas Anglo-Germânicas	*8*	-
- EUA	7	-
- Alemanha	1	-
Outras Culturas	*3*	-
- Iraque	1	-
- Argélia	1	-
- Angola	1	-
Total	*34*	5

Os países latinos receberam 23 dentre os 34 investimentos, ou quase 70%. Outros 24% dos investimentos dirigiram-se aos Estados Unidos e à Alemanha. Exceto para países dos grupamentos culturais Latino e Anglo-Germânico, somente três outros países apareceram (Iraque, Argélia e Angola), em contexto muito específico, já discutido neste capítulo. Todos os futuros investimentos sendo considerados pelas empresas estudadas também se referiam a países latinos. Trata-se, assim, de nova indicação do impacto da distância psíquica nas decisões de investimento direto no exterior.

É necessário tecer um comentário sobre o "paradoxo da distância psíquica", discutido por O'Grady e Lane[35], que observaram que semelhanças aparentes poderiam obscurecer diferenças críticas entre as culturas. Apesar da percepção de proximidade cultural, os dirigentes entrevistados com freqüência apontavam diferenças entre Brasil e Argentina que poderiam pôr em perigo os esforços das empresas para estabelecer com sucesso subsidiárias nesse mercado, argumentando que, o que pareciam ser semelhanças à primeira vista, na verdade encobriam diferenças sutis, porém significativas, para a atuação naquele país.

Estrutura de Propriedade do Investimento Direto no Exterior

Uma análise da estrutura de propriedade empregada pelas empresas brasileiras em mercados externos é bastante reveladora e mostra forte preferência por subsidiárias integrais: 22 dos 34 empreendimentos (ou 65% de todos os investimentos diretos no exterior estudados) eram subsidiárias integrais, sete eram *joint-ventures* em que a empresa brasileira era a acionista controladora e em apenas cinco casos a empresa brasileira tinha participação minoritária. Além disso, quatro das 22 subsidiárias integrais começaram como *joint-ventures,* mas se converteram posteriormente em subsidiárias integrais (entre dois e seis anos mais tarde), e duas *joint-ventures* foram estabelecidas com sócios que já detinham participação na empresa-mãe no Brasil[36].

E mais, os cinco casos onde havia participação minoritária em *joint-venture* envolviam a mesma empresa (Empresa I). Esta empresa é uma *outlier* entre as firmas estudadas. Devido à sua

[35] Op.cit.

[36] Pode-se argumentar que estes empreendimentos deveriam ser considerados como subsidiárias integrais, já que a própria matriz era uma *joint-venture* entre os mesmos sócios.

visão oportunística da internacionalização, a Empresa I esteve aberta a novas oportunidades que pudessem elevar seu envolvimento em mercados internacionais. "*Nossa visão*", disse um alto executivo, "*é a de operar através de* joint-ventures *em qualquer área dentro do escopo de nossas operações, com sócios regionais e internacionais, mesclando culturas tecnológicas globais com culturas regionais*".

Em todos os demais casos, porém, constatou-se forte preferência entre as empresas brasileiras por modos de entrada de maior controle, o que se mostra consistente com pesquisas sobre a estrutura societária de empresas brasileiras[37]. De fato, a proporção de ações preferenciais em relação às ordinárias em empresas brasileiras é bem maior do que a usual em países desenvolvidos. Outra pesquisa[38] indicou que empresas brasileiras muitas vezes sacrificam o crescimento em prol do controle.

O fundador e presidente de uma das empresas comentou sua preferência em não compartilhar o poder e o controle da seguinte maneira: "*Até agora tivemos 100% de controle sobre nossos investimentos estrangeiros. Mas isto não significa necessariamente uma preferência. Estamos abertos a alianças estratégicas. Mas não queremos perder o controle. Eu entraria em uma aliança apenas se tivéssemos o controle em nossas mãos. Ao menos tenho sempre tido isto em mente*".

Questão correlata diz respeito ao relacionamento entre modos de entrada e distância psíquica ou cultural. A proposição de que quanto maior a distância cultural mais elevada é a probabilidade de se escolher *joint-venture* como modo de entrada em vez de subsidiária integral não foi sustentada pelos resultados deste

---

[37] Veja-se, por exemplo, Valadares, S. M. *Três ensaios sobre o mercado por controle corporativo no Brasil.* Rio de Janeiro, Departamento de Economia, Pontifícia Universidade Católica do Rio de Janeiro. Tese de doutorado, 1998.

[38] Rocha, A. e Christensen, C. Strategy and culture in Brazilian companies. Proceedings of the Fifth Annual Strategic Management Society Conference. Barcelona, Espanha, Strategic Management Society, 1985.

estudo. Os três países que apresentavam as maiores distâncias psíquicas do Brasil em nosso estudo – a Alemanha, o Iraque e a Argélia – receberam subsidiárias integrais. O único outro país não latino no estudo, os Estados Unidos, tinha seis investimentos em subsidiárias integrais[39] e um em *joint-venture*. Todos os investimentos em *joint-ventures* com participação minoritária eram em países latinos, mas estes foram feitos pela mesma empresa, que se sugeriu ser uma *outlier*. Outros investimentos em *joint-ventures* com participação majoritária foram feitos em Portugal, Argentina, Chile e Venezuela, países considerados culturalmente próximos ao Brasil.

A hipótese de preferência por maior controle sobre as subsidiárias estrangeiras por parte de empresas brasileiras não parece, portanto, levar à escolha de *joint-ventures*. Tudo leva a crer que o impacto da distância psíquica sobre a escolha da estrutura de propriedade em investimentos internacionais de firmas brasileiras não segue o relacionamento proposto na literatura (isto é, de que quando a distância psíquica é elevada, as empresas tenderiam a escolher *joint-ventures* ao invés de subsidiárias integrais).

Se a distância psíquica não explica a escolha de modos de entrada de maior controle por parte de empresas brasileiras, que outras variáveis poderiam ajudar a compreender tal escolha? Variáveis estratégicas, como as propostas por Kim e Hwang[40], não se aplicam à situação examinada, tendo em vista que as empresas estudadas ainda não podem ser consideradas verdadeiras multinacionais, cujos modos de entrada pudessem ser mediados por considerações estratégicas, tais como sinergias globais ou motivações estratégicas globais. Variáveis ambientais (tais como risco de país, incerteza na demanda e intensidade da concorrência) não pareceram desempenhar papel relevante nas decisões estudadas, já que este padrão de escolha entre as firmas brasilei-

---

[39] Dois destes empreendimentos começaram como *joint-ventures*, convertendo-se, porém, posteriormente, em subsidiárias integrais.

[40] Kim e Hwang, op. cit.

ras não parecia estar associado a países específicos, mas, sim, ter natureza mais geral.

Em um caso, pelo menos, variáveis de custo de transação pareceram estar em jogo. Uma empresa (Empresa J) indicou que sua entrada na Argentina com uma subsidiária integral foi mais adequada uma vez que a empresa dispunha de *know-how* de *marketing* específico que nenhum potencial sócio naquele país compartilhava, e que não haveria outras capacitações importantes que pudessem ser adquiridas de parceiros locais. No entanto, todos os demais quatro investimentos no exterior desta empresa localizavam-se nos Estados Unidos e todos, também, tomaram a forma de subsidiárias integrais.

Levanta-se aqui a hipótese de que a preferência por modos de entrada de maior controle entre empresas brasileiras poderia estar associada a aspectos específicos da cultura brasileira, particularmente seus aspectos relacionais, tendo em vista que, em uma cultura relacional, poder e controle não são facilmente partilhados com estrangeiros. Além disso, como em culturas desse tipo é necessário que haja confiança para que se possa estabelecer relacionamentos de longo prazo, e esta só pode ser adquirida em longo período de tempo, é possível que o relacionamento entre a distância psíquica e os modos de entrada seja invertido: quanto maior a distância cultural, mais elevada a probabilidade de se escolher uma subsidiária integral. À medida, porém, que a distância psíquica se reduz ao longo do tempo, as empresas podem decidir mudar para modos de menor controle.

Valor Adicionado em Mercados Externos

Também se examinou a extensão da adição de valor em mercados externos. Dos 34 investimentos estrangeiros, 25 eram em instalações de montagem/ produção/ operações, quatro em instalações de distribuição, três em instalações de armazenagem e assistência técnica, um era uma *trading company* e um era um negócio de restaurantes.

Considera-se, em geral, que uma empresa que investe em instalações produtivas em mercados externos tem grau mais elevado de envolvimento internacional do que aquela que estabelece um centro de distribuição ou uma operação de armazenagem[41]. Esta lógica sugere que uma fábrica para produção plena em um mercado externo é indicativa de grau mais elevado de envolvimento com internacionalização do que uma operação de montagem. Das dez empresas estudadas, oito haviam investido em instalações de produção em pelo menos um mercado estrangeiro, enquanto duas haviam estabelecido apenas instalações de montagem.

Liderança no Processo de Internacionalização

Há muito se discute na literatura o papel dos executivos de topo na condução de uma empresa rumo a operações internacionais[42]. Nos casos estudados, a atuação do principal executivo como líder foi fator decisivo no processo de internacionalização. Em oito das dez empresas estudadas, o principal executivo desempenhou papel fundamental na expansão internacional da firma. Estes principais executivos foram descritos por seus subordinados com termos como "carismático", "talentoso", "corajoso", "audacioso", "visionário" ou "conquistador", entre outros. Em uma empresa, a morte prematura do líder interrompeu por longo tempo o processo de internacionalização. Estes resultados sustentam a alegação de Bartlett e Ghoshal[43] de que empresas que têm sucesso na internacionalização contam com líderes inspirados que acreditam no futuro de suas empresas no mercado global.

---

[41] Kutschker e Bäurle, op.cit.

[42] Por exemplo, Bilkey, op.cit.; Cavusgil, S. T. Organizational characteristics associated with export activity. *Journal of Management Studies*, 21 (1) :3-22, 1984; Aaby, N. E. e Slater, S. Management influences on export performance: a review of the empirical literature 1978-88. *International Marketing Review*, 6 (4) :6-25, 1988; Wood, V. R. e Robertson, K. R. Strategic orientation and export success: an empirical study. *International Marketing Review*, 14 (6) :424-444, 1997; Zou e Stan, op.cit.

[43] Op.cit.

Os principais executivos das empresas estudadas tendiam também a dedicar bastante tempo e atenção ao cultivo de relacionamentos pessoais que pudessem gerar novos negócios para a empresa ou criar boa vontade. Alguns executivos entrevistados consideravam isso como importante ativo para o processo de internacionalização de suas empresas. Em dois casos, especificamente, avaliavam que esses relacionamentos haviam sido críticos para a entrada em mercados externos e para o sucesso dos negócios no exterior. De fato, uma empresa chegou a considerar a atividade deliberada de *networking* como primeiro passo para a entrada bem sucedida em um mercado internacional. Em outro caso, o fundador da empresa ingressou no mercado americano através de *joint-venture* com um antigo colega de classe de um programa de formação de executivos nos Estados Unidos. Em outro caso, ainda, os relacionamentos estabelecidos em um clube de golfe foram decisivos para a obtenção de informações bastante confidenciais que provavelmente ditaram a diferença entre o sucesso e o fracasso da empresa na internacionalização. Houve, de fato, número significativo de situações relatadas no estudo em que os contatos pessoais foram determinantes em alguma decisão crítica para a empresa durante seu processo de internacionalização. Esta evidência sugere que, em culturas relacionais, os empresários dão grande importância ao estabelecimento de relacionamentos pessoais mesmo quando estes se desenvolvem no contexto internacional. A expansão internacional das empresas brasileiras parece fazer mais sentido, para seus dirigentes, quando baseada em *networks* de relacionamentos.

CONSIDERAÇÕES FINAIS

Os resultados do estudo sustentam, em linhas gerais, as proposições do modelo de internacionalização de Uppsala, o qual se sugeriu ser mais adequado para descrever os primeiros passos na internacionalização do que o comportamento da corporação multinacional ou global[44]. As empresas estudadas, embora estejam no processo de se tornar multinacionais, ainda constituem corporações regiocêntricas[45] no que diz respeito a considerar o escopo de seus investimentos no exterior e sua localização principal nas Américas.

A internacionalização para dentro (*inward*) desempenhou papel importante no processo de internacionalização de algumas das empresas estudadas. Embora as operações para dentro parecessem ter sido determinantes para promover a internacionalização para fora (*outward*) somente em um dos casos, na maioria dos demais estes dois lados da internacionalização mostraram-se inexoravelmente vinculados ao maior comprometimento com as operações internacionais.

Apesar do apoio geral ao modelo de Uppsala oferecido pelo presente estudo, diferenças e singularidades interessantes também foram sugeridas por esta pesquisa. Algumas destas especificidades estão provavelmente associadas às características peculiares de cada país, como apontaram Welch e Luostarinen[46], que observaram que "... deve-se esperar que padrões observados de internacionalização variem de país a país e ao longo do tempo, devido às diferenças ambientais no início do processo, assim como às inevitáveis mudanças no ambiente". No entanto, é possível que alguns dos padrões aqui observados possam ser compartillhados por firmas em outras economias emergentes.

---

[44] Young, S. Internationalisation: introduction and overview. *International Marketing Review*, 7 (4) :5-10, 1990.

[45] Perlmutter, H. V.The tortuous evolution of the multinational corporation. *Columbia Journal of World Business* :9-18, Jan.-Febr.1969.

[46] Welch e Luostarinen, op.cit.,1988, p.163.

Anexo 2.1 – Informações Gerais sobre as Empresas Entrevistadas

Empresa	Negócios Principais	Ano de Fundação da Empresa	Nº de Empregados	Vendas anuais	% das Exportações sobre Faturamento	*Market Share* no Brasil (Negócios Principais)
A	equipamento para transporte rodoviário	1949	5,800	US$ 630 milhões	12%	42% a 60%
B	cutelaria	1911	4,000	US$ 520 milhões	17%	70% a 80%
C	produtos químicos	1955	3,600	US$ 750 milhões	3% (10%**)	50%
D	carrocerias	1949	3,400	US$ 360 milhões	40%*	30% a 70%
E	cerâmica	1977	1,200	US$ 210 milhões	15%	n.d.
F	autopeças	1984	550	US$ 115 milhões	20%	n.d.
G	metalurgia	1980	250	US$ 40 milhões	10%	n.d.
H	tubos e conexões	1941	2,700	US$ 500 milhões	n.d.	60%
I	equipamento para energia, telecomunicações	1967	4,900	US$ 1,6 bilhão	20%*	n.d.
J	saúde	1979	7,000	US$ 1,3 bilhão	9%**	n.d.

* estimado ** vendas de todas as operações internacionais n.d. = não disponível

Anexo 2.2

Síntese dos Dez Processos de Internacionalização Estudados

A *Empresa A* foi fundada em 1949, tendo iniciado suas operações internacionais como exportador passivo de *trailers* e *semi-trailers* em 1972, aceitando pedidos eventuais de clientes estrangeiros do Uruguai e Paraguai. A empresa havia participado de uma feira de negócios no Chile, subsidiada pelo governo brasileiro, junto a outras empresas na mesma indústria ou em indústrias complementares, o que lhe permitiu realizar algumas vendas externas. Em 1974, a empresa obteve uma licença de tecnologia de duas firmas suecas para fabricar caminhões especiais para construção pesada e mineração e um *semi-trailer* para a indústria de cimento. Mas foi apenas alguns anos mais tarde, após importante aumento na capacidade de produção, que a Empresa A decidiu que exportar poderia ser uma alternativa interessante, já que a nova instalação tinha excesso de capacidade com relação à demanda potencial do mercado interno brasileiro.

Quando a empresa teve sucesso na conquista de elevada participação de mercado no âmbito doméstico (entre 40 e 60% nas principais linhas de produto), as exportações tornaram-se ainda mais um imperativo para seu crescimento. Muitas vezes, a entrada em determinado mercado de exportação resultou de indicações de clientes em outros países. À medida que as atividades em determinados mercados (Iraque, Argélia e Angola) tiveram substancial aumento, a Empresa A ali abriu instalações comerciais, de distribuição e de assistência técnica para atender aos clientes, mas continuou a usar intermediários em outros países. As instalações nos três países foram posteriormente desativadas quando estes passaram a enfrentar sérios problemas políticos e econômicos.

Os passos seguintes foram a internacionalização *inward* através de *joint-ventures* no Brasil e o estabelecimento de subsidiárias de montagem no exterior. A empresa envolveu-se em uma série de acordos de *joint-venture* no Brasil, através dos quais conquistou acesso à tecnologia necessária para competir em outros mercados externos. Estas *joint-ventures* com empresas multinacionais, em que a Empresa A detinha participação majoritária, permitiram que esta tivesse acesso a tecnologias avançadas em diferentes aspectos de seus negócios, tais como freios e equipamento de ar condicionado. Além disso, as *joint-ventures* abriram novas oportunidades para atender a clientes de seus sócios em outros países, assim como no próprio mercado brasileiro. No início da década de 1990, a Empresa A decidiu estabelecer duas unidades de montagem em mercados estrangeiros: uma na Argentina (1992) e outra em Portugal (1993). Em 1997, a Empresa A se desfez de seu investimento em Portugal. A subsidiária portuguesa foi vendida a um grupo local que assumiu as atividades de montagem e distribuição locais da Empresa A. Em 1998, a empresa estava aumentando seus investimentos na Argentina.

A *Empresa B*, fundada em 1911, era fabricante de artigos de cutelaria. Esta também havia iniciado sua internacionalização como exportadora passiva para atender a pedidos eventuais do Chile, Uruguai e Paraguai no início da década de 1970, seguidos pelos provenientes da Argentina alguns anos mais tarde. Durante as décadas de 1970 e 1980 a empresa expandiu significativamente suas atividades de exportação usando agentes e representantes em cada um dos mercados de exportação, e em 1988 contava com cerca de 60 representantes em todo o mundo. A escolha de representantes muitas vezes se baseava no fato de estes já atenderem a outras empresas brasileiras no mercado local. A esta altura, as motivações percebidas para passar da condição de exportador passivo para exportador proativo eram a possibilidade de atender a novos grupos de clientes e a saturação do mercado doméstico (a participação de mercado da Empresa B no Brasil para algumas de suas linhas de produto estava entre 70 e 80%). Uma exportação proativa implicava a necessidade de maior controle de suas operações, o que levou a empresa a desenvolver equipes de especialistas de produto para visitar representantes e distribuidores em todos os mercados externos por ela atendidos.

À medida que o tempo passava e as exportações aumentavam, a gerência sentia que essa abordagem indireta à exportação não era adequada, dada a crescente proporção das vendas da empresa a determinados mercados. O investimento direto no exterior foi iniciado através do estabelecimento de centros de distribuição em alguns países, a fim de melhor atender a clientes existentes e ter uma presença em mercados mais exigentes e sofisticados. Os mercados escolhidos para o investimento direto no exterior foram os Estados Unidos, a Alemanha e o México. O investimento nos Estados Unidos ocorreu em 1986, como *joint-venture*. Em 1988, a operação americana tornou-se uma subsidiária integral. A entrada no Canadá foi resultado da expansão internacional do mais importante cliente da empresa nos Estados Unidos, uma das maiores firmas varejistas do mundo. Quando este cliente começou a expandir suas operações no Canadá, a Empresa B viu-se forçada a segui-lo. Desta vez, porém, o acordo incluiu a terceirização da armazenagem, enquanto o controle das operações no Canadá era realizado pela subsidiária americana. Em 1995, a empresa estabeleceu operação de montagem e distribuição na Alemanha e, em 1997, o mesmo se fez no México. Ambas eram subsidiárias integrais. Em 1998, a Empresa B estava considerando a abertura de um centro de distribuição em Cingapura, mas estava adiando esses investimentos até que a situação no Sudeste Asiático ficasse mais estável. Além disso, a empresa estava expandindo suas instalações nos Estados Unidos, planejando a produção futura de determinados artigos para atender ao mercado americano.

A *Empresa C* era a maior fornecedora de tintas para a indústria automobilística do país (cerca de 50% de participação de mercado), assim como a outras indústrias, como a de latas e gráfica, e ao mercado de tintas para uso residencial. A empresa começou a exportar seus produtos para a América do Sul durante os anos 50, mas o tipo de produto vendido não lhe permitia muito crescimento na região. Devido à sua localização no Sul do país, era-lhe mais fácil atender aos mercados do Uruguai e da Argentina do que vender aos estados mais ao Norte no Brasil.

A primeira experiência da Empresa C com o investimento direto no exterior veio com a aquisição de uma fábrica para produzir produtos de tintas para uso residencial no Uruguai em 1981, a fim de se beneficiar de determinados acordos comerciais entre aquele país, a Argentina e o Brasil. Esta não era considerada pela gerência, porém, como uma experiência com investimentos diretos no exterior, mas como o aproveitamento de uma oportunidade para elevar suas exportações a partir do Brasil. Alguns anos mais tarde, em 1993, a Empresa C adquiriu uma subsidiária no Chile com participação majoritária; esta empresa, posteriormente, veio a se transformar em subsidiária de propriedade integral.

Em 1986, uma importante empresa multinacional havia adquirido participação minoritária (23%) na Empresa C. Esta associação foi considerada como inevitável pela Empresa C devido à concentração e à globalização da indústria de tintas. Dez anos mais tarde, em 1996, os sócios concordaram em mudar o acordo inicial. A esta altura, a Empresa C foi dividida em duas: uma empresa atendendo à indústria automobilística e outra concentrando suas atividades no mercado de tintas residenciais. Na primeira, a empresa multinacional continuava a deter participação minoritária (46%) e, na segunda, o controle passou a ser totalmente exercido pela Empresa C. À época da reorganização do grupo, a *joint-venture* da Empresa C para o mercado de tintas automotivas ficou com duas fábricas que anteriormente haviam pertencido à multinacional, uma na Argentina e outra na Venezuela, em troca de ações. Sob este novo acordo, o mercado sul-americano ficou reservado à Empresa C no sistema global de subsidiárias e parceiros em alianças da multinacional. No mercado de tintas residenciais, como já se observou, a Empresa C tinha duas subsidiárias, uma no Uruguai e outra no Chile.

A Empresa C tinha interesses em outras quatro empresas. Como estas atendiam a mercados que também passavam por processo de concentração e globalização, a gerência da Empresa C decidiu repetir a mesma experiência que havia levado à primeira *joint-venture*, buscando sócios multinacionais fortes para a formação de alianças estratégicas que permitiriam a aquisição de tecnologia e a sobrevivência da empresa. De fato, a empresa C era a única grande empresa privada nacional sobrevivente na indústria de tintas.

A *Empresa D* era a maior fabricante mundial de carrocerias de ônibus, além de ser uma das maiores montadoras deste veículo. No Brasil, detinha participação de 40% no mercado total de ônibus, com participações que variavam entre 30 e 70% nas diferentes categorias de produtos. Fundada em 1949, a empresa realizou suas primeiras exportações para o Uruguai já em 1961, ao contactar um cliente em potencial. Nas décadas de 1960 e 1970, exportou com sucesso para mercados na América Latina e na África. Em alguns destes países eram utilizados representantes mas, em outros, a Empresa D estabeleceu parcerias com montadoras locais e exportava peças, tendo em vista que os custos de frete para este tipo de produto eram proibitivamente elevados.

Em 1991, a Empresa D adquiriu participação majoritária (66%) em uma montadora de ônibus em Portugal, com o intuito de fincar uma base na Europa. A escolha recaiu sobre Portugal porque havia uma tendência a concentrar a montagem de ônibus em países do Sul da Europa, onde os custos de mão-de-obra eram mais baixos. Em 1997, a Empresa D adquiriu o restante do capital da subsidiária portuguesa. A presença no mercado europeu deu à Empresa D acesso a novos produtos e tecnologias, assim como contatos com produtos estrangeiros que lhe permitiram trazer inovações ao mercado brasileiro, transferindo *know-how* aos fornecedores locais. A Argentina foi o segundo país onde a

Empresa D estabeleceu subsidiária por aquisição, desta vez com controle total, em 1995.

Outras atividades internacionais envolveram sociedade com uma montadora local no México através de acordo de licenciamento firmado em 1992; sociedades na Nigéria e na China com montadoras globais em 1998 e sociedade em estudo com uma montadora global na Índia. Em 1998, a empresa tinha representantes em 14 países e duas subsidiárias estrangeiras. A Empresa D era uma sociedade anônima de capital aberto com ações negociadas nos mercados de capitais brasileiro e americano.

A *Empresa E* foi fundada em 1977 para a fabricação de pisos e azulejos cerâmicos, pertencendo a um grupo diversificado que incluía a produção e exportação de açúcar e a construção civil, entre outras atividades. Devido à experiência do grupo na exportação de açúcar, a Empresa E começou a exportar quase que imediatamente após sua criação. Durante as décadas de 1970 e 1980, a empresa exportou regularmente para diversos países das Américas. As exportações começaram com o Paraguai, Uruguai e Chile, e continuaram para os Estados Unidos e Canadá. Um mercado pouco comum foi a Austrália, onde a Empresa E tinha um representante que também atendia a outras empresas brasileiras e se ofereceu para representá-la naquele país. Esta experiência foi tão bem-sucedida que a Empresa E era uma das principais na Austrália em termos de participação de mercado. A aproximação e atendimento ao mercado europeu também se deu através de representantes, mas a liderança de fabricantes italianos e espanhóis, combinada a custos de transporte mais baixos, não deixou muito espaço aos produtos brasileiros. O mesmo se deu na África e no Oriente Médio, onde os concorrentes europeus desfrutavam de vantagens de custos, vendendo suas linhas de produtos de menor qualidade. A Empresa E considerou assim que as Américas seriam seu mercado natural, onde poderia competir eficazmente em termos de custos.

A primeira experiência de investimento direto no exterior se deu em 1991 nos Estados Unidos, onde a Empresa E iniciou operação de armazenagem. A Empresa E detinha 80% das ações, pertencendo os demais 20% a dois sócios americanos. Estes dois sócios situavam-se em distintas áreas geográficas, um na Costa Leste e o outro na Costa Oeste, sendo responsáveis cada um pelas operações nessas áreas. Esta subsidiária também cobria o Canadá, a América Central e o Caribe.

Em 1998, a Empresa E estudava a possibilidade de criar subsidiárias na Argentina e no Chile. A fim de adquirir alguma experiência nestes mercados, quatro de seus empregados haviam sido enviados em 1997 para prospectar o mercado, sendo responsáveis por Vendas e operando em escritórios domésticos. A mesma experiência havia sido replicada na Bolívia e no Paraguai, embora não houvesse intenção de investir diretamente nestes dois mercados àquela altura.

Outras experiências internacionais envolviam alianças estratégicas com grandes firmas estrangeiras para adquirir tecnologia e complementar as linhas de produto da Empresa E com produtos não concorrentes, incluindo *joint-venture* com uma multinacional americana para produzir massa de rejunte no Brasil (1994), aliança estratégica com um fabricante italiano de *grés porcellanato* (1992) para vender seus produtos no Brasil e adquirir tecnologia e acordo semelhante com uma empresa americana para vender no Brasil uma linha completa de metais de banheiro para complementar suas linhas de azulejos (1997).

A *Empresa F* foi fundada em 1967 para fornecer peças à indústria automobilística. Ao final dos anos 70, a Empresa F perdeu seu principal cliente, uma empresa brasileira que havia ido à falência, iniciando a partir daí o fornecimento à General Motors no Brasil. Em 1980, a GM informou à Empresa F que só poderia manter seu contrato para novos modelos caso fosse promovida uma atualização tecnológica nos produtos fornecidos. Com a participação da GM, a Empresa F entrou em contato com outra grande empresa americana que fornecia as mesmas peças e celebrou acordo de licença para produzi-las no país com a sua tecnologia. Em 1986, este acordo expirou, formando-se *joint-venture* unindo a Empresa F (51%) à firma americana (49%). A Empresa F começou a exportar determinadas peças para sua sócia nos Estados Unidos. Estas não competiam com as linhas de produtos da parceira e eram vendidas aos clientes desta naquele mercado. Em 1988, a *joint-venture* estabeleceu uma subsidiária nos Estados Unidos com o propósito de estar mais próxima dos clientes americanos atendidos a esta altura com a intervenção da sócia americana. A subsidiária representou ainda uma maneira fácil para a Empresa F ter acesso a crédito mais barato nos Estados Unidos para as operações brasileiras, bem como para facilitar a importação de determinados componentes a partir daquele país.

Em 1994, a Empresa F adquiriu uma empresa industrial na Argentina, que se tornou subsidiária integral. O objetivo era fornecer peças às montadoras na Argentina. O investimento não ia muito bem à época do estudo devido aos custos de produção mais elevados na Argentina quando comparados aos do Brasil, bem como a problemas gerenciais.

A Empresa F fornecia à Daewoo Motors na Coréia do Sul desde 1990. A empresa havia também estabelecido um *desk office* nas instalações de sua sócia americana em Paris e mantinha pessoal permanente para atendê-lo. Este contato mais próximo com as operações européias permitiu à Empresa F ter acesso à rede européia de sua sócia, o que gerou muitos novos negócios.

A *Empresa G* foi fundada em 1980 para fabricar válvulas industriais e outros produtos de fundição. Em 1987, a empresa aproximou-se do mercado alemão, iniciando as exportações dois anos mais tarde. Ao mesmo tempo, a Empresa G começou a exportar para a Argentina e o Chile.

Em 1990, a empresa iniciou um investimento *greenfield* em Portugal, com sócio minoritário local. A nova empresa deveria atender ao mercado europeu, mas a crescente concorrência de produtos asiáticos a preços mais baixos forçou a Empresa G a desativar a fábrica em 1996. O mercado europeu continuou a ser atendido por um representante alemão.

A segunda experiência de investimento direto no exterior se deu na Argentina. A Empresa G adquiriu 51% de uma firma local em 1993, permanecendo 40% nas mãos do proprietário anterior e 9% com dois outros sócios locais. Dois anos mais tarde, a Empresa G comprou os 40% em mãos do antigo dono. Esta experiência teve grande sucesso, tendo a empresa argentina quadruplicado seu volume de vendas nos dois anos seguintes. A subsidiária argentina também ajudou a Empresa G a estabelecer presença no mercado chileno.

Em 1993, a gerência da Empresa G decidiu adquirir tecnologia externa para expandir os negócios. Foram contactadas duas diferentes firmas em dois ramos distintos de negócios, uma no Vale do Silício, nos Estados Unidos, e outra na Espanha. Com a primeira tratou-se de acordo de licenciamento e, com a segunda, de contrato tanto de licenciamento quanto comercial. Neste último caso, a Empresa G também importava alguns produtos da licenciadora para complementar sua linha de produtos.

Em 1996, a Empresa G negociou uma *joint-venture* com uma sócia venezuelana para estabelecer uma subsidiária naquele país, mas voltou atrás devido a divergências estratégicas entre as duas firmas. Em 1998 a empresa estava tentando penetrar no mercado mexicano por meio de exportações.

A *Empresa H* foi criada em 1941 e detinha 60% do mercado brasileiro de tubos e conexões de PVC. As exportações de conexões de PVC começaram nos anos 60 para países vizinhos, mas esta atividade não podia ser expandida sem investimentos diretos no mercado estrangeiro devido a elevados custos de transporte. A empresa exportava para o Paraguai desde 1965 e, em 1977, adquiriu participação majoritária em empresa industrial naquele país.

O presidente da empresa considerou interessante a aquisição, mas o processo de internacionalização foi interrompido mais tarde em virtude de sérios problemas que a empresa enfrentou no mercado doméstico, aliados a problemas de sucessão.

Somente em 1997 a empresa retomou seus investimentos diretos no exterior, através da aquisição de participação majoritária em empresa chilena. A gerência àquela altura via a internacionalização como imperativo e acreditava que a melhor estratégia seria estabelecer uma subsidiária de produção na Argentina, onde a empresa já tinha boa reputação. Desta feita optou-se por investimento *greenfield*, totalmente controlado pela Empresa H. No Uruguai, a empresa decidiu continuar a operar por meio de representantes locais e exportar do Brasil, Argentina, ou Paraguai.

A *Empresa I* era um grande conglomerado diversificado nas áreas de energia, telecomunicações e construção. As exportações haviam-se iniciado em 1972, para o Paraguai, graças ao relacionamento entre um cliente brasileiro e a empresa paraguaia. Até 1975, porém, a maioria das exportações consistia de *spot business* através de *trading companies* ou de empresas brasileiras de engenharia e construção pesada envolvidas em projetos no exterior. Após 1975, a Empresa I criou um departamento de exportação e começou a considerar seriamente a atividade. Os primeiros países onde estabeleceu representantes estavam geograficamente próximos: Paraguai, Uruguai, Argentina e Chile. Entre 1977 e 1979, uma ampla rede de representantes já havia sido estabelecida na América do Sul e na América Central, ocorrendo ainda a entrada em outros mercados como México, Filipinas e Paquistão. Em outros mercados, a Empresa I continuava a usar *trading companies* brasileiras e japonesas, assim como a vender através de empresas de construção pesada. As exportações eram vistas como meio de reduzir o impacto de oscilações no mercado doméstico e de ter acesso a créditos de baixo custo.

Durante os anos 70, a empresa adquiriu tecnologia, através de licenciamento, de companhias alemãs, japonesas, inglesas e americanas.

Antecipando o impacto da globalização nessas indústrias, o fundador da empresa considerou bem cedo as alianças estratégicas e parcerias como parte natural de suas atividades. A primeira *joint-venture* fora do país foi estabelecida em 1976, com um grupo chileno. A empresa adquiriu uma participação majoritária, mas este investimento não teve sucesso, sendo abandonado em 1984. No entanto a experiência foi considerada importante devido ao aprendizado envolvido. Outras experiências com investimento direto no exterior se seguiram: Argentina (1992 e 1993); Itália (1992); Paraguai (1994) e Venezuela (1995).

Durante os anos 90, alteraram-se as preferências da gerência em termos de estrutura de propriedade de *joint-ventures*, no Brasil ou no exterior. A nova política passou a ditar uma preferência por posições minoritárias. A participação da Empresa I em diversas *joint-ventures* variava entre 3 e 90%, mas com maior freqüência estava abaixo de 30%. Em 1998, a empresa tinha alianças estratégicas e parcerias com 18 importantes empresas e acordos tecnológicos com outras 17 nas áreas de energia e telecomunicações.

A *Empresa J* foi fundada em 1979, tornando-se uma das principais concorrentes no mercado brasileiro de assistência de saúde. No começo dos anos 90, a percepção de elevado risco político no ambiente brasileiro, aliada à ameaça de novos entrantes, estimularam a alta gerência a considerar a internacionalização. Em 1991, o presidente e proprietário da Empresa J adquiriu uma participação em uma cadeia de restaurantes nos Estados Unidos de forma a se familiarizar com o ambiente de negócios e as práticas naquele mercado. De início, a operação era uma *joint-venture*, mas posteriormente tornou-se subsidiária de propriedade integral (1997).

Em 1993, a alta gerência sentiu que havia chegado o momento de penetrar no altamente competitivo mercado americano de assistência de saúde, a fim de adquirir *know-how*, aprender a competir e preparar a empresa para a entrada de concorrentes estrangeiros no mercado brasileiro. Uma primeira subsidiária foi estabelecida no estado de Nevada, seguindo-se outra no Texas, em 1995, e, dois anos mais tarde, na Flórida. Todas as subsidiárias eram integrais, sendo a Empresa J a primeira firma estrangeira a competir no mercado americano de assistência de saúde.

Ao mesmo tempo em que realizava sua entrada no mercado americano, a Empresa J também estabelecia uma subsidiária integral na Argentina, mas operando em um negócio distinto, a venda de tíquetes de alimentação, um benefício oferecido por algumas empresas a seus empregados. Esta experiência não foi bem-sucedida, sendo a subsidiária desativada em 1997. No entanto, em 1994, a Empresa J abriu outra subsidiária na Argentina, desta feita no negócio de assistência de saúde. A abertura de outras subsidiárias na Venezuela e na Colômbia no ano 2000 estava sendo considerada.

CAPÍTULO 3

LEVANDO O BRASIL PARA FORA: COMIDAS BRASILEIRAS DA CHINA E DAS ARÁBIAS

Claudia de Oliveira Pessôa
Angela da Rocha

Em seu processo de internacionalização, as empresas defrontam-se com diversas alternativas estratégicas no que se refere a como conduzir sua atuação de *marketing* no exterior. Uma das questões mais debatidas na literatura de *marketing* internacional refere-se a quanto e como as empresas padronizam ou adaptam suas estratégias de *marketing* aos mercados externos. Embora haja razoável corpo teórico e ampla gama de estudos empíricos sobre o tema na literatura internacional, são muito poucos os estudos brasileiros que abordam a questão.

Neste capítulo, estudamos o processo de internacionalização de duas empresas brasileiras do setor de *fast-food*, analisando suas decisões estratégicas de *marketing* internacional. A seguinte pergunta orientou a realização da pesquisa: *Ocorreu adaptação ou padronização da estratégia de* marketing *das empresas de fast-food estudadas em sua primeira incursão no mercado internacional?*

A adoção de estratégias de *marketing* padronizadas ou adaptadas aos mercados internacionais tem provocado amplo debate desde as primeiras décadas do pós-guerra, com a rápida expansão das empresas multinacionais americanas. Esse debate tem vacilado entre a recomendação de um ou de outro enfoque.

No caso da franquia de *fast-food*, uma série de questões específicas traz matizes novos à discussão. Em primeiro lugar, deve-se considerar que a própria essência da franquia envolve *padronização*. Formatar uma franquia consiste, basicamente, em desenvolver padrões universais no que se refere a toda a operação, desde a marca, os produtos ou serviços oferecidos ao consumidor e os preços, até os aspectos operacionais e administrativos.

Em segundo lugar, é preciso considerar, também, que os alimentos são produtos cuja aceitação é extremamente dependente de preferências estabelecidas desde muito cedo na vida e fortemente influenciadas pela cultura em que o indivíduo está inserido. Assim, paradoxalmente, a venda de alimentos em outros mercados convida, naturalmente, à *adaptação*.

Em terceiro lugar, não apenas os alimentos em si são fortemente influenciados pela cultura como os hábitos associados ao processo de alimentar-se: os horários em que as refeições são servidas, o conteúdo dessas refeições, o número de itens que compõe a refeição e o papel social da refeição são alguns dos muitos elementos culturalmente determinados associados ao ato de comer. Dessa forma, também a forma e os procedimentos para servir os alimentos sugerem *adaptação*.

Em quarto lugar, para reforçar ainda mais o paradoxo, considere-se o exemplo de grandes redes multinacionais de *fast-food* que atuam hoje como empresas globais, entre as quais o exemplo emblemático é o da rede McDonald's. Essas grandes empresas têm conseguido atrair segmentos cosmopolitas de consumidores que se encontram em diferentes países e atuam de forma padronizada em seus mercados internacionais – embora algumas concessões tenham sido eventualmente feitas a particularidades locais.

Nesse contexto, portanto, a questão de se uma empresa de *fast-food* proveniente de um país em desenvolvimento – e, portanto, sem o apelo de *status* que as redes multinacionais americanas trazem consigo – deve padronizar ou não sua estratégia de *marketing* ao ingressar em um mercado internacional é bastante instigante.

O DEBATE SOBRE PADRONIZAÇÃO OU ADAPTAÇÃO DA ESTRATÉGIA DE *MARKETING* INTERNACIONAL

A discussão sobre as estratégias internacionais das empresas tem ocorrido em torno da escolha entre a adoção de uma estratégia única para todo o mundo e a adaptação desta estratégia a cada mercado específico. Enquanto alguns autores acreditam que a padronização é fonte de vantagens competitivas para uma empresa, outros argumentam que o sucesso só pode ser atingido mediante a adaptação da estratégia às características locais.

As Primeiras Décadas

Agrawal[1] elaborou uma revisão bibliográfica, partindo da década de 1950 até os anos 80, relativa ao debate sobre padronização e adaptação de estratégias de *marketing*, em particular a propaganda internacional, reconhecendo a existência de três correntes de pensamento: padronização, adaptação e visão situacional, ou seja, utilizar-se uma ou outra estratégia, dependendo da situação.

Segundo o autor, na década de 1950, tanto os praticantes do *marketing* quanto os acadêmicos acreditavam que a adaptação seria a melhor estratégia. As principais razões enfatizadas foram: diferenças entre os consumidores e mercados, culturais, de poder de compra e de linguagem.

---

[1] AGRAWAL, M. Review of a 40-year debate in international advertising. *International Marketing Review*, 12 (1) :26-48, 1995.

Na década de 1960, ocorreram grandes debates entre os defensores da padronização e seus opositores. Os praticantes do *marketing* internacional tendiam a utilizar uma estratégia padronizada, enquanto os acadêmicos preferiam a abordagem situacional. Os motivos mais indicados para a padronização eram: homogenização das necessidades dos consumidores, propaganda de melhor qualidade, reduções de custo e melhor identificação do produto e da empresa. Os defensores da adaptação utilizavam como argumentos: diferenças entre consumidores, produtos, mídia, varejo, distribuição, idiomas e culturas. Já aqueles que eram favoráveis à abordagem situacional alegavam que dependia dos produtos, das condições do mercado, do objetivo estratégico da propaganda, dos competidores, das leis governamentais, das características da indústria e da receptividade dos consumidores.

Durante a década de 1970, os praticantes voltaram à abordagem de adaptação, enquanto os acadêmicos se dividiam entre a situacional e a de adaptação. Desta vez, os motivos apresentados a favor da adaptação eram: as diferenças dos consumidores, maior criatividade das agências locais, maior percepção das diferenças culturais, maior sofisticação dos mercados estrangeiros e dificuldades de tradução. Aqueles a favor da abordagem situacional acreditavam que a escolha dependia das expectativas dos consumidores, das características de consumo, de fatores culturais, da disponibilidade de mídia, do crescimento econômico, de fatores políticos e das atitudes sobre o produto.

Estudos na Década de 1980

Não houve consenso entre os praticantes do *marketing* na década de 1980, o que aumentou o apoio à idéia de que a abordagem adotada variaria de acordo com a situação. Entretanto, as multinacionais tendiam a adotar uma estratégia de padronização, enquanto os acadêmicos continuavam a recomendar a adaptação. Os principais motivos apontados para a padronização eram: economias de escala, utilização de uma única agência de propaganda, identificação global da marca, consistência da imagem e homogeneização das necessidades dos consumidores. Para aqueles a favor da adaptação, os incentivos eram a não-homogeneidade dos mercados, diferenças na legislação e diferenças culturais.

Na década de 1980, o debate sobre padronização ou adaptação da estratégia de *marketing* internacional recrudesceu, a partir da publicação do artigo de Theodore Levitt, "A Globalização dos Mercados"[2]. Levitt via a tecnologia como a grande mola impulsionadora da homogeneização dos mercados. Só se sairiam bem as empresas capazes de gerar economias de escala, tanto na área produtiva, quanto nas de *marketing*, distribuição e administração. O autor via o mundo como impulsionado por dois vetores, a tecnologia e a globalização. O primeiro ajudava a moldar as preferências e o segundo as realidades econômicas.

A abordagem de Levitt foi criticada por Boddewyn, Soehl e Picard[3], argumentando não haver evidências empíricas que comprovassem suas previsões. Analisando estudos já realizados, verificaram que, embora as evidências sugerissem, de modo geral, um aumento do grau de padronização entre as décadas de 1970 e 1980, os bens industriais moviam-se na direção contrária. Além disso, as estratégias de marca e propaganda estariam encaminhando-se para maior padronização.

Já Seifert e Ford[4] procuraram verificar como este debate se aplicaria ao caso de empresas pequenas e médias exportadoras. De forma geral, essas empresas praticavam baixo grau de adaptação de produto e preço. Quanto à promoção, as empresas gasta-

---

[2] LEVITT, T. The globalization of markets. *Harvard Business Review*, 61 (3) :92-102, 1983.

[3] BODDEWYN, J.J.; SOEHL, R.; PICARD, J. Standardization in international marketing: is Ted Levitt in fact right? *Business Horizons* :69-75, Nov.-Dec.1986.

[4] SEIFERT, B.; FORD, J. Are exporting firms modifying their product, pricing and promotion policies? *International Marketing Review*, 6 (6) :53-68, 1989.

vam menos no exterior do que no mercado doméstico, talvez por esperarem que seus canais de distribuição – representantes de vendas e distribuidores – assumissem parte destes gastos.

Estudos na Década de 1990

Diversos estudos foram realizados na década de 1990, salientando-se os seguintes:

- Sandler e Shani[5] buscaram esclarecer alguns pontos sobre a padronização ou não de marcas e propaganda. Para tal, testaram um modelo que consistia em uma matriz com quatro possíveis estratégias a serem adotadas: padronizar a marca e a campanha; padronizar a marca e não padronizar a campanha; não padronizar a marca e padronizar a campanha; não padronizar nem a marca, nem a campanha. Os autores concluíram ser mais comum encontrar-se uma marca padronizada sendo utilizada com propaganda local.
- Samiee e Roth[6] investigaram as diferenças entre as firmas com maior e menor grau de padronização e as possíveis relações entre este grau de padronização e o desempenho obtido pelas mesmas. A idéia de que uma firma com estratégia padronizada apresentaria desempenho melhor não se confirmou.
- Cavusgil, Zou e Naidu[7] notaram que, tanto no caso da adaptação dos produtos, quanto no da adaptação da promoção, os fatores principais eram a experiência internacional da empresa, a orientação tecnológica da indústria, a competi-

[5] SANDLER, D.; SHANI, D. Brand globally but advertise locally?: an empirical investigation. *International Marketing Review*, 9 :18-31, 1992.

[6] SAMIEE, S.; ROTH, K. The influence of global marketing standardization on performance. *Journal of Marketing*, 56 (2) :1-17, 1992.

[7] CAVUSGIL, S.T.; ZOU, S. NAIDU, G.M. Product and promotion adaptation in export ventures: an empirical investigation. *Journal of International Business Studies*, 24 (3) :479-506, 1993.

ção no mercado-alvo e a unicidade cultural do produto. E mais, que para se afirmar algo em relação a adaptação ou padronização dessas variáveis, seria necessário examinar a empresa em si, os padrões do setor no qual operasse e as características do mercado-alvo.

- Preez, Diamantopoulos e Schlegelmilch[8] investigaram o escopo para padronização de carros de passageiros em três países com diferentes estágios de desenvolvimento e características socioculturais. Os autores constaram que as preferências quanto aos atributos dos produtos eram substancialmente diferentes entre os países, o que favorecia a adaptação. A promoção mostrou-se a ferramenta mais eficaz para levar um produto padronizado a diversos países.

- Samli e Jacobs[9] estudaram as diferenças na padronização da estratégia de preços entre empresas norte-americanas do tipo "multilocal" (que adaptavam suas estratégias de *marketing* aos vários mercados) e "global" (que não adaptavam). Verificou-se que a maioria das empresas utilizava preços uniformes, não tinha grande dependência do mercado externo e apresentava forte tendência a operar em mercados similares ao dos EUA. Já as empresas que não padronizavam preços obtinham melhores resultados a longo prazo em sua atividade internacional.

- Chhabra[10] realizou um estudo no qual buscava analisar as adaptações no *marketing mix* de multinacionais norte-americanas operando na América do Sul. As adaptações cons-

---

[8] PREEZ, J.P.; DIAMANTOPOULOS, A.; SCHLEGELMILCH, B.B. Product standardization and attribute saliency: a three-country empirical comparison. *Journal of International Marketing*, 2 (1) :7-28, 1994.

[9] SAMLI, A.C.; JACOBS, L. Pricing practices of American multinational firms: standardization vs localization dichotomy. *Journal of Global Marketing*, 8 (2) :24-35, 1994.

[10] CHHABRA, S.S. Marketing adaptations by American multinational corporations in South America. *Journal of Global Marketing*, 9 (4) :35-46, 1996.

tatadas foram maiores para o Brasil em todos os elementos do produto e na maioria dos elementos da promoção e do preço. Chhabra concluiu que as empresas decidiam as adaptações primordialmente por seu custo, e assim o tamanho do mercado seria um parâmetro para estas considerações.

- Papavassiliou e Stathakopoulos[11] analisaram três tipos de fatores que influenciavam os graus de adaptação nas decisões de propaganda internacional: fatores locais, da firma e intrínsecos à propaganda, concluindo que o caminho entre a padronização e adaptação total poderia ser descrito pela análise das variações nos vários elementos intrínsecos da propaganda internacional. Estas variações seriam apropriadas de acordo com as diferentes situações que pudessem ocorrer.

- Whitelock e Pimblett[12] analisaram o quanto os produtos de consumo e as marcas se haviam padronizado desde a publicação do artigo de Levitt, em 1983. Os autores concluíram que Levitt estava correto no que se referia ao avanço da tecnologia como aceleradora de um processo de segmentação de mercados, mas equivocado ao afirmar que a natureza do mercado seria a impulsionadora da padronização, e não a competição, assim como ao afirmar que os mercados estariam convergindo, quando na verdade eles estavam se tornando cada vez mais divergentes. Os consumidores mais sofisticados aumentavam a fragmentação dos mercados, ao invés de reduzi-la.

- Finalmente, Aaker e Joachimsthaler[13], analisando empresas bem-sucedidas na criação de marcas fortes em vários

---

[11] PAPAVASSILIOU, N.; STATHAKOPOULOS, V. Standardization versus adaptation of international advertising strategies: towards a framework. *European Journal of Marketing*, 33 (7) :504-527, 1997.

[12] WHITELOCK, J.; PIMBLETT, C. The standardization debate in international marketing. *Journal of Global Marketing*, 10 (3) :55-67, 1997.

[13] AAKER, D.A.; JOACHIMSTHALER, E. The lure of global branding. *Harvard Business Review* :137-144, Nov.-Dec., 1999.

países, identificaram quatro pontos em comum nessas empresas. Elas deveriam: estimular o compartilhamento de idéias e práticas entre as subsidiárias; dar apoio a uma prática comum de processo de planejamento de marca global; atribuir responsabilidade gerencial para as marcas de forma a criar sinergias entre os países e melhor enfrentar as diferenças entre os mercados locais; executar estratégias de construção de marca de forma especial.

Estudos Empíricos Brasileiros sobre Padronização ou Adaptação da Estratégia de *Marketing*

São muito poucos os estudos realizados no Brasil sobre este tema.

Oliveira, Figueiredo e Schmidt[14] analisaram quatro casos de grandes empresas brasileiras exportadoras de manufaturados, verificando baixo grau de adaptação dos produtos exportados, exceção feita às embalagens. A maior adaptação verificada no estudo ocorreu para a variável preço. Verificou-se que essas diferenças não se deviam a considerações estratégicas ou políticas de diferenciação de mercados, mas sim ao fato de os preços praticados em diferentes mercados serem bastante distintos. Também ocorreu adaptação na variável distribuição, o que os autores atribuíram a características locais.

Já o estudo de Fontenelle e Dourado[15] buscou identificar as estratégias de propaganda utilizadas no Mercosul e analisar os fatores que estariam associados a elas. Os executivos entrevista-

---

[14] OLIVEIRA, C.; FIGUEIREDO, K.F.; SCHMIDT, A. Transferibilidade das estratégias de marketing paramercados externos: um estudo de casos brasileiros. *Revista de Administração*, 16 (4) :43-53, 1980.

[15] FONTENELLE, S.M.; DOURADO, I.L.P. Estratégias de propaganda de marcas brasileiras no Mercosul. *Revista de Administração de Empresas*, 37 :30-40, Jan.-Mar. 1997.

dos acreditavam que ambientes semelhantes geravam estratégias semelhantes, mas não tinham certeza sobre qual estratégia seria melhor, entre padronizar ou adaptar. Acreditavam que os consumidores eram, em média, mais ou menos semelhantes, sendo maiores as semelhanças percebidas entre brasileiros e argentinos e menores entre brasileiros e paraguaios. Quanto à padronização da propaganda, em sua maioria, as empresas acreditavam que eram padronizadas, o que sugere que, apesar de acharem os consumidores diferentes, tendiam a uniformizar sua propaganda.

Finalmente, Costa[16] comparou a estratégia utilizada no lançamento de um serviço no mercado brasileiro e no mercado argentino, procurando verificar que fatores externos e internos haviam sido mais importantes para definir o tipo de estratégia a ser adotada. Os fatores estruturais de *marketing* e os fatores internos à empresa foram identificados como sendo aqueles que mais contribuíram para a adaptação da estratégia. Diferenças culturais e outros fatores externos não tiveram grande influência na adaptação das estratégias do Brasil para a Argentina.

OS CASOS ESTUDADOS

Duas empresas franqueadoras de *fast-food* foram estudadas: Habib's e Pastelândia. Os casos foram levantados a partir de informações coletadas na imprensa e de entrevistas pessoais com executivos das empresas selecionadas. Apresenta-se a seguir uma descrição dos casos estudados.

---

[16] COSTA, L.H.I. *Internacionalização de empresa e adaptação do mix de marketing: um estudo de caso no Mercosul.* Rio de Janeiro: COPPEAD/UFRJ, 1998. (Dissertação de mestrado).

Habib's

A rede Habib's foi criada em 1988, abrindo sua primeira loja em São Paulo, posicionando-se no segmento de preços baixos, com um *mix* de produtos próximo àquele que a empresa viria a consagrar posteriormente. A passagem para uma rede de franquia de *fast-food* ocorreu em 1992. Ao final do ano 2000, a rede Habib's tinha 150 lojas no Brasil, além de uma loja na cidade do México. A empresa se colocou, assim, em uma posição importante entre as maiores redes de *fast-food* do Brasil, atendendo oito milhões de consumidores por mês e empregando 7.000 funcionários diretos em 2000.

O público-alvo da rede Habib's era formado por famílias de praticamente todos os níveis socioeconômicos, abrangendo as classes de B a D. O cardápio era baseado nos itens mais conhecidos da culinária árabe, adaptados ao paladar brasileiro. Além destes pratos, a rede oferecia pizzas, sanduíches, batatas fritas, sobremesas à base de sorvetes, lanches combinados e *kits* infantis. O cardápio não havia sofrido grandes modificações praticamente desde o início das operações, ocorrendo apenas o aprimoramento de alguns itens. A política de preços adotada podia ser caracterizada como *Preço Baixo Todo Dia*, de modo a marcar um posicionamento claro e não depender de promoções periódicas.

O conceito de *master* franquia, para a rede Habib's, consistia em vender o direito de montar uma central de produção e distribuição dos produtos, além de lojas, em determinada região. A empresa dispunha de oito *master* franqueados no Brasil: na cidade de São Paulo, interior do estado de São Paulo, Rio de Janeiro, Fortaleza, Curitiba, Brasília, estado de Minas Gerais e estado de Pernambuco. A empresa operava dois modelos distintos de loja: o tradicional, com atendimento de garçom, e o *fast*, lojas de autoatendimento, mais compactas, para localização em áreas de grande tráfego, como *shopping centers*.

A idéia de se internacionalizar havia partido do próprio presidente da empresa, cuja meta era transformar a marca Habib's em um conceito mundial, que competisse com as diversas redes de *fast-food* internacionais. A filosofia do presidente era de que, em qualquer mercado, o sucesso de uma rede de alimentação se devia muito mais à capacidade administrativa do que a qualquer fator mercadológico. Para ele, as pessoas desejariam cada vez mais serem bem atendidas, com rapidez, em ambiente agradável e a um menor custo. Assim, o sucesso no mercado mexicano dependeria muito mais dessa capacidade administrativa.

A escolha da Cidade do México deveu-se à percepção de grande semelhança com a cidade de São Paulo. Observou um executivo:

> *"A Cidade do México tem uma característica muito parecida com a cidade de São Paulo. Uma densidade demográfica muito grande, um povo que gosta desse tipo de comida. A comida do mexicano não é muito diferente da nossa. Vai muito feijão, é* frijole *lá. É uma comida bem temperada. Então, todos os fatores da culinária favoreciam muito a abertura de uma loja na Cidade do México".*

A franquia da Cidade do México, a primeira operação internacional da empresa, foi aberta como uma *master* franquia, mas ainda pertencia à empresa brasileira. Utilizou-se a marca Habib's para a rede internacional. A empresa percebia como mercado potencial os 25 milhões de residentes em um raio de 200 km da Cidade do México.

Percebeu-se, inicialmente, que o consumidor mexicano considerava o café-da-manhã – o *desayuno* – como sua principal refeição, sendo composta de produtos à base de ovos com acompanhamentos variados. Desta forma, para se entrar no mercado mexicano seria preciso ofertar uma refeição deste tipo, tornando-se também necessária a abertura da loja no horário das nove horas da manhã. Além do café da manhã mexicano, foi introduzido um *desayuno* árabe e outra opção menos calórica, denominada *light.*

Os horários de funcionamento eram bastante diferentes, no México e no Brasil:

"Então, a gente começa a faturar no México às nove da manhã. E com um faturamento muito forte. Começa de manhã e segue ao longo do dia, praticamente a loja não fica vazia. É diferente do Brasil. No Brasil, nas nossas lojas, não temos um almoço forte. ...O movimento nas lojas Habib's no Brasil começa mesmo no final da tarde e à noite. Principalmente no fim de semana."

Outra diferença era o paladar mexicano. A população encontrava-se muito habituada ao consumo de pimenta e não apreciava muito sal em sua comida, o que levou a ajustes na linha de produtos. A direção da empresa percebia como inevitáveis esses ajustes:

"...Porque o mexicano não aceita a quantidade de sal que a gente usa e não aceita falta de pimenta. Essas características, elas têm que ser percebidas antes e adaptadas. Quando formos para o mercado americano, vai ser a mesma coisa: teremos que adaptar os nossos produtos ao paladar americano, ao que eles querem consumir. Não adianta pensar: 'meu produto é esse, tem que ser igualzinho no mundo inteiro'."

Além disso, foi constatado que o consumidor mexicano comprava uma quantidade muito maior do que o brasileiro, sendo o pedido individual muito maior do que o do Brasil.

Era também crença da direção da empresa que o consumidor mexicano não estaria acostumado a encontrar produtos com preço tão baixo em restaurantes de *fast-food*. Mantendo os mesmos preços no cardápio mexicano e brasileiro, a empresa constatou, através de pesquisas, que os consumidores consideravam os produtos da empresa mais baratos do que os dos concorrentes.

As promoções para o lançamento eram feitas próximas à loja. O veículo utilizado eram *outdoors* nas proximidades da loja, faixas no interior da loja e distribuição de produtos. No Brasil, porém, a empresa não fazia promoção na abertura de uma loja, considerando a propaganda *boca-a-boca* como sua principal aliada.

Além disso, a empresa fazia promoções com amostras grátis de esfirras em convenções, em escolas, em *shopping centers*, com vistas a transmitir ao consumidor mexicano o conhecimento dos produtos, "para começar a criar o hábito no mexicano, para ele entender qual é o produto". A similaridade entre a culinária árabe e a mexicana parecia ajudar o processo de tomada de conhecimento do consumidor mexicano:

> *"Porque ele olha uma foto, pela foto ele não tem idéia se aquele produto é pequeno, ou é do tamanho de uma pizza. Ele não sabe o que é. Ele nunca viu aquilo. Agora, quando ele come dentro da loja, ele gosta. O produto é muito parecido com o* taco. *É uma massa com recheio que ele come com a mão também, da mesma forma que o taco."*

Quanto ao sistema de distribuição, era esse idêntico ao utilizado no Brasil, no que se refere ao uso de uma central de produção e distribuição. No entanto, como a central atendia a uma única loja, não se verificavam ainda problemas de qualquer natureza, o que poderia ocorrer quando a empresa expandisse o número de lojas no México.

Pastelândia

A Pastelândia surgiu como empresa familiar em meados de 1988, mas apenas em 1992 foi inaugurada a primeira loja nos moldes definitivos, com 50 sabores de pastel, identidade visual, uniformes e outras características próprias. A partir daí, a empresa adotou o sistema de franquia, mantendo-se familiar e pertencendo a um único dono. Contava com 117 lojas no Brasil e uma nos Estados Unidos, implantada em setembro de 2000. A empresa atuava em *fast-food*, oferecendo a sua clientela produtos como pastéis, pizzas e massas italianas.

A entrada no mercado norte-americano se deu inicialmente por uma tentativa de abertura de loja em Miami, mas o local escolhido não funcionou por problemas com o empreendimento imobiliário. Posteriormente, a empresa foi procurada por uma investidora brasileira, residente nos EUA, interessada em abrir uma franquia da marca em Maryland, o que se deu em setembro de 2000.

> *"Na verdade, não fomos nós que escolhemos os Estados Unidos. Foram os Estados Unidos que nos escolheram. Inicialmente tínhamos um plano de ir para a Europa primeiro, e depois para os Estados Unidos... Só que aconteceu o inverso. Primeiro vieram os Estados Unidos e logo em seguida, provavelmente em 2001, vamos ter uma unidade na Europa."*

A direção da empresa acreditava dispor de um diferencial para o mercado americano, uma vez que seu produto principal, o pastel, não existia naquele mercado. A idéia era vender o produto como algo vindo do Brasil, um produto tipicamente brasileiro, para se comer como lanche. "Nos EUA, ninguém conhece pastel. O nome Pastelândia foi para os EUA, não mudou nada. Não é *Pastland*, nada disso. É *Pastelândia* mesmo."

A direção da empresa considerava o consumidor norte-americano muito exigente, no que dizia respeito à qualidade dos produtos, e adepto de novidades. Acreditava, ainda, que o consumidor, nos EUA, não era tão preocupado com a questão do preço quanto o brasileiro. Esperava-se que o produto atingisse um público jovem, mas, nos primeiros três meses de operação, o público mais idoso também parecia haver aceitado bem o produto.

A empresa precisou adaptar-se à legislação americana. As receitas dos produtos tiveram que ser aprovadas pela Federal Drug Administration, levando a alterações nas especificações dos ingredientes. Da mesma forma, o equipamento de produção, exportado do Brasil, precisou ser aprovado pela fiscalização. A embalagem do produto também precisou ser modificada, de forma a conter impressa a informação de que o produto era quente.

O produto escolhido para iniciar a operação nos EUA foi o pastel, uma vez que a franqueada não tinha experiência prévia no ramo de alimentação e por a direção considerar ser este um processo mais fácil de ser implementado e controlado. Os executivos consideravam, ainda, que o mercado americano apresentava concorrentes muito fortes no segmento de pizza, mas não percebiam a existência de concorrentes diretos para o pastel:

> *"Lá não tem concorrência, não tem ninguém fazendo pastel. Só a Pastelândia... Aqui eu tenho concorrência. O que seria meu concorrente lá é o* taco, *a Taco Bell. Mas não é um concorrente. O* taco *é completamente diferenciado ...é uma massa também, que tem recheio. Mas o paladar é diferente. Não dá para comparar. Lá, por enquanto, não temos concorrentes."*

Apesar disso, o entrevistado reconhecia haver uma concorrência indireta, representada por outras redes de *fast-food*:

> *"Porque o McDonald's, quer queira, quer não, é um concorrente meu. As minhas lojas são sempre do lado do McDonald's, porque o McDonald's está em todos os lugares. E nem por isso eu deixo de vender... Muito pelo contrário, eu vendo para quem não come McDonald's."*

Mesmo no Brasil, a empresa costumava adequar os sabores de seus pastéis às preferências regionais, iniciando as operações de uma nova loja com os 52 tipos de pastéis já existentes, e, em seguida, acrescentando novos sabores de acordo com pedidos dos clientes.

> *"Nos EUA, nós adequamos os sabores ao paladar americano. Então, por exemplo, nossos pastéis têm muito* cheddar, *que é o queijo que eles gostam, tem vários tipos de queijos, a carne é uma carne mais apimentada, para adequação do sabor. É a mesma coisa que eu faço aqui no Brasil, só que aqui eu procuro manter um padrão maior."*

A marca foi mantida sem traduções e os rótulos foram produzidos no Brasil como modelos para a utilização nos EUA. Isto também ocorreu com o tamanho do produto ofertado, que manteve a padronização utilizada no Brasil.

A política de preços, baseada na percepção de que o consumidor americano, por ser mais afluente, poderia pagar mais caro, levou a que os preços praticados nos EUA fossem substancialmente mais elevados do que no mercado brasileiro:

> *"O brasileiro busca preço, mas hoje ele observa a qualidade. O americano, ele não se importa muito com preço. Ele quer um produto de qualidade, que atenda às necessidades dele. O preço para ele ... não é o principal, não é o fator determinante da compra. Fator determinante é a qualidade do produto, e isso nós temos."*

Quanto à propaganda, a empresa não costumava usar a mídia televisiva no Brasil. Além disto, sua propaganda era usualmente local. A direção da Pastelândia acreditava ser muito difícil utilizar uma mídia nacional no Brasil devido às grandes diferenças regionais. No caso dos EUA, a empresa utilizava televisão local, mas o interesse era desenvolver uma campanha nacional. O conteúdo da propaganda estava voltado para realçar o apelo de o produto ser tipicamente brasileiro, uma novidade, além de ser um produto de *fast-food*.

O PROCESSO DE INTERNACIONALIZAÇÃO DAS EMPRESAS

Devido ao curto tempo de atuação no mercado internacional de ambas as empresas, na época da pesquisa, pouco se pode afirmar sobre seu processo de internacionalização, a não ser quanto a seus passos iniciais.

No entanto, a característica peculiar das empresas estudadas – operações de franquia – sugere que há dois modos de entrada: através de loja própria ou de loja franqueada. A instalação de loja própria envolve maiores riscos, assim como requer maior dedicação de tempo e energia da alta direção, sendo, portanto, uma forma de internacionalização de maior comprometimento. A loja franqueada, por outro lado, além de requerer menos recursos da empresa, é uma alternativa de risco mais baixo, menor comprometimento e mais conservadora. Nos dois casos estudados, as empresas partiram para a produção e venda locais. Porém, o modo de entrada adotado foi distinto: enquanto a rede Habib's abriu uma loja própria com interesse em uma futura franquia, a rede Pastelândia adotou de início o sistema de venda da franquia. Isso sugere que a rede Habib's iniciou-se por um modo de internacionalização mais avançado (investimento direto em loja própria) do que a rede Pastelândia (franquia de loja).

Essa decisão do modo de entrada parece bastante consistente com a forma como a internacionalização parece ser encarada pelas duas empresas. Na rede Habib's, o próprio presidente da empresa decidiu que a empresa se tornaria internacional e assumiu a liderança no processo, mudando-se, inclusive, para o México, de forma a poder acompanhar pessoalmente o empreendimento e preparar o caminho da entrada em novos mercados, particularmente o americano. Trata-se de um líder visionário e disposto a colocar "as mãos na massa" para transformar a marca Habib's em uma marca mundial. Pode-se reconhecer, neste caso, uma ambição estratégica claramente delineada, que aponta para objetivos de longo prazo. De forma coerente, o processo de entrada no México foi apoiado por planejamento estratégico e pesquisa de mercado e as ações realizadas parecem ter sido cuidadosamente planejadas.

No entanto, o fato de a rede Habib's haver-se internacionalizado através de loja própria não significa, no futuro, que ela deva continuar apenas com lojas próprias no exterior. Era intenção da empresa, uma vez consolidado o mercado da Cidade do México, vender a franquia a um operador local. Mesmo assim, não há dúvida de que o modo de entrada escolhido pela rede Habib's envolve maior comprometimento – de recursos e de energia da alta direção – do que o modo utilizado pela Pastelândia.

No caso da Pastelândia, parece haver um claro interesse pela internacionalização, vista como oportunidade pela empresa, mas não tão claramente inserida em uma visão estratégica de futuro. Embora a Pastelândia já houvesse aberto anteriormente uma loja nos EUA, em Miami, este empreendimento não funcionou da forma esperada e a empresa foi obrigada a encerrar as atividades em pouco tempo. Essa experiência não teria sido longa o suficiente para aumentar o comprometimento da empresa com os negócios internacionais. Mesmo assim, a empresa permaneceu aberta a novas oportunidades, que se consubstanciaram na proposta de uma candidata a franqueada, de origem brasileira, que instalou a franquia em Maryland. Embora o planejamento a nível estratégico não pareça ter sido realizado nem tenha sido feita nenhuma pesquisa, a empresa fez "o dever de casa" na preparação da nova franquia. A visão de futuro aparece na manutenção da marca Pastelândia, que se deseja transferir na internacionalização.

Por outro lado, no que se refere à questão das diferenças culturais e à escolha inicial de mercados percebidos como semelhantes, não se pode dizer que essa tenha sido uma tônica dos dois casos estudados. No entanto, confirmando os resultados de Barretto[17], as relações pessoais apareceram como mediadoras da distância cultural, uma vez que, no caso da Pastelândia, o fato de a expansão ter-se dado através de uma franqueada brasileira pode ter significado uma redução da distância cultural.

A escolha de mercados também foi distinta para as empresas estudadas. A decisão de ir para o México foi do próprio presidente da rede Habib's, que via neste mercado uma grande oportunidade de expansão e a abertura de portas para a entrada no mercado norte-americano, mais competitivo. Além disso, percebia-se o mercado da Cidade do México como muito semelhante ao da cidade de São Paulo, onde a empresa havia surgido.

---

[17] BARRETO, A.S.P. *Internacionalização de empresas brasileiras: processos, pessoas e networks no investimento direto no exterior.* Rio deJaneiro: COPPEAD/UFRJ, 1998. (Tese de doutorado).

No caso da Pastelândia, a empresa recebeu uma proposta da franqueada e acreditava que, por ser os EUA um país desenvolvido e de poder aquisitivo mais elevado, seria mais fácil expandir-se neste mercado. No entanto a seleção do mercado local (Maryland) foi feita em função da oportunidade surgida e não de escolhas de localização.

Ambas as empresas acreditavam em seu potencial de crescimento dentro do Brasil, não se tratando, portanto, de internacionalização baseada em uma percepção de saturação do mercado doméstico. É verdade que as empresas viam o mercado brasileiro como muito competitivo, com concorrentes de várias nacionalidades.

Uma lógica subjacente ao investimento direto poderia estar nos benefícios de se chegar primeiro ao mercado. Assim, a rede Habib's foi a primeira a ofertar um *fast-food* de comida árabe na Cidade do México. Também a rede Pastelândia foi a primeira a ofertar esse tipo de pastéis em Maryland, no mercado americano. A pequena dimensão atual dos empreendimentos no exterior não permite afirmar que essas empresas venham a colher os benefícios do pioneirismo, dada sua pequena visibilidade nesses mercados.

ASPECTOS DA PADRONIZAÇÃO DA ESTRATÉGIA INTERNACIONAL

No caso das redes Pastelândia e Habib's, a intenção parece ter sido, em princípio, a de franquear as lojas, transferindo todo o formato da franquia, o que seria coerente com os defensores da padronização para aproveitamento da experiência da matriz e com o padrão típico de internacionalização das redes de *fast-food*.

A manutenção dos produtos principais, da marca e do sistema de fabricação e comercialização dos produtos poderia ser conectada à vantagem de se obter consistência com os clientes.

Dessa forma, em sua futura expansão para outros mercados e ampliação da internacionalização, as empresas poderiam garantir que os produtos Habib's ou Pastelândia tivessem a mesma qualidade em todo o mundo. Isto poderia ser útil a partir do momento em que ambas as franquias ampliassem seu escopo de atuação internacional.

Da mesma forma, a padronização tornaria possível a melhoria de controle e do planejamento, a partir do momento em que ambas as empresas utilizassem exatamente o mesmo sistema no Brasil e nos mercados externos. Os administradores poderiam avaliar o desempenho da operação com as mesmas medidas utilizadas no Brasil.

Os entrevistados não acreditavam que diferenças entre os mercados brasileiro e estrangeiro pudessem exigir uma adaptação maior. Os executivos da rede Habib's achavam que o tamanho do mercado e suas reações eram menos importantes do que a boa administração. Já a direção da Pastelândia considerava que, em um mercado mais desenvolvido, a facilidade de se vender qualquer produto de boa qualidade aumentava, devido à maior disponibilidade de renda.

No que diz respeito à redução de custos por economias de escala, as duas empresas foram obrigadas, pela natureza perecível de seus produtos e até pelo sistema em si, a montar uma central de produção nos mercados externos. Isto replicava toda a estrutura de custos, não aumentando o volume de produção e reduzindo as economias de escala.

Em síntese, nos aspectos operacionais e estruturais, as empresas esforçaram-se por manter a padronização de suas franquias, nesta fase inicial da entrada em mercados externos.

ASPECTOS DA ADAPTAÇÃO DA ESTRATÉGIA INTERNACIONAL

Adaptação de Produto

Em ambos os casos, percebeu-se que, apesar de as empresas manterem o produto utilizado no Brasil, houve pequenas alterações nas receitas para melhor se adequar aos paladares locais, o que é indicador de sua preocupação em satisfazer melhor as necessidades dos clientes. De fato, produtos ligeiramente modificados tendem a usufruir dos benefícios da padronização e atender às diferenças dos mercados[18].

Por outro lado, a necessidade de adaptação tende a ser maior em alimentos, devido à existência de hábitos de consumo já estabelecidos[19]. Isto teria ocorrido no caso da rede Habib's, tendo a empresa percebido a necessidade de aumentar o uso da pimenta e diminuir o sal em seus produtos, em virtude dos hábitos alimentares mexicanos. O mesmo ocorreu com a Pastelândia, ao colocar o queijo *cheddar* em seus pastéis, um produto muito usual nos hábitos alimentares americanos.

Outra adaptação interessante no composto de produto é a que fez a rede Habib's em relação ao *desayuno* mexicano. Reconhecendo que os ritmos alimentares eram distintos e a importância da primeira refeição na vida mexicana, aumentou os horários de abertura de loja e incrementou o cardápio com itens desta refeição, para atender à especificidade local.

A Pastelândia foi obrigada a modificar a embalagem de seus produtos, pois deveria colocar um aviso de produto quente por exigência legal. E embora, em princípio, a empresa não parecesse

---

[18] WALTERS, P.; TOYNE, B. Product modification and standardization in international markets: strategic options and facilitating policies. *Columbia Journal of World Business* :37-44, Winter 1989.

[19] WHITELOCK, J.; PIMBLETT, C., op.cit.

interessada em transferir essas modificações para sua operação no Brasil, é possível que, em um prazo mais longo, e dependendo de como vier a evoluir sua inserção no mercado norte-americano, ela as incorpore a sua operação brasileira.

No que diz respeito às marcas, ambas as empresas as mantiveram inalteradas, o que confirma as observações de diversos autores, de que as marcas seriam menos modificadas ou adaptadas do que os produtos em si[20].

Adaptação do Preço

No que se refere à variável preço, as empresas utilizavam enfoques diferentes. Para a rede Habib's, a política de "preço baixo" fazia parte integrante de sua estratégia. Assim, cobrava o mínimo possível, tanto no Brasil, quanto no México. Já a Pastelândia acreditava que, por seu produto ter o atrativo de ser tipicamente brasileiro e pela característica de renda maior do mercado norte-americano, poderia cobrar mais nos EUA do que no Brasil. Pela categorização de Samli e Jacobs (1994), a rede Habib's se enquadraria na categoria de empresas que precificam por custo, já a Pastelândia estaria entre as que precificam pela demanda.

Adaptação da Propaganda/Promoção

No caso das campanhas promocionais, ambas as empresas ainda não haviam feito grandes investimentos. A rede Habib's havia distribuído amostras dos produtos e colocado *outdoors* nas ruas próximas à loja. Os *outdoors* eram semelhantes ao que se fazia no Brasil, mas os objetivos eram de divulgação da marca e dos produtos como informativo, mais do que persuasivo. Era feito um investimento muito maior nos EUA do que o que se fazia tipicamente em uma abertura de loja no Brasil.

---

[20] WHITELOCK; PIMBLETT , op.cit.; CHHABRA, op.cit.; e SANDLER E SHANI, op.cit.

Ocorreram adaptações na promoção realizada pela rede Habib's. O mesmo ocorreu no caso da Pastelândia, em que a ênfase da campanha no exterior era de que os seus produtos eram típicos do Brasil. Em ambos os casos, os gastos com campanhas promocionais eram muito maiores nos EUA do que no Brasil, onde se contava com o poder da comunicação *boca-a-boca*.

As empresas confirmaram terem adotado estratégias de maior investimento em promoção e não se preocupavam ainda com o sistema de distribuição, pois acreditavam ser possível utilizar o mesmo esquema aplicado no Brasil.

CONCLUSÕES

De forma geral, o paradoxo da padronização *versus* adaptação da estratégia de *marketing* internacional de empresas franqueadoras de *fast-food* ficou resolvido de forma bastante similar pelas duas empresas estudadas. Em geral, manteve-se a padronização de quase todos os aspectos da operação internacional: marca, produtos, distribuição e procedimentos operacionais. A adaptação ocorreu em aspectos secundários do *mix* de produto e no *mix* promocional.

As duas empresas decidiram utilizar uma marca internacional e adaptar alguns detalhes de seus produtos às necessidades dos consumidores locais, respeitando assim, as diferenças culturais. Ao se analisar as promoções de ambas as empresas, também se percebe a tendência à adaptação, não só às necessidades dos consumidores, como também ao fato de se tratar de entrada em um novo mercado. Saliente-se que, mesmo no mercado doméstico, ocorria adaptação do *mix* promocional nas várias regiões do Brasil.

O último elemento do *marketing mix*, a distribuição, parece ter sido mantido igual ao modelo utilizado no Brasil. Isto se deveria ao fato de que as duas empresas instalaram um modelo de *master* franquia no exterior, com central de produção exclusiva, que seria responsável pelo abastecimento da loja aberta. Em um dos casos, onde a loja era própria, mesmo assim seguiu-se o modelo de *master* franquia, já que se pretendia posteriormente franquear. Os planos eram de utilizar esta mesma central de produção para o atendimento das futuras lojas a serem abertas. O processo evoluiria para a criação de novas centrais de produção, à medida que fossem abertas lojas em regiões mais distantes.

Foi no aspecto do preço que se encontraram as maiores divergências entre as empresas. Enquanto uma das redes manteve a política de oferecer seus produtos sempre aos menores preços possíveis, a outra rede optou por aumentar os seus preços. A estratégia de preços da primeira poderia ser considerada como padronizada, enquanto a segunda seguiria uma estratégia de adaptação. Esta adaptação teria sido feita com o objetivo de obter maiores margens e se justificaria pela percepção de que o consumidor estaria disposto a pagar mais.

Embora predominasse a padronização, as duas empresas utilizavam uma mistura de estratégias. Elas adaptavam o que lhes parecia importante modificar, como alguns aspectos do produto e o *mix* promocional, e mantinham fixa a essência do produto, a marca e a distribuição. O preço era adaptado, ou não, de acordo com as crenças e políticas internas das empresas.

A manutenção da padronização das franquias no mercado internacional, por essas empresas, ainda não parece ter sido plenamente decidida, o que se poderá verificar à medida que aumentar a experiência e o comprometimento com mercados externos, através do aumento do número de lojas, que terão, ou não, o mesmo padrão da rede original.

Os desafios para ambas as empresas, decorrentes de expansão futura, serão: a manutenção da padronização da franquia, a questão da propaganda (local *versus* global), os sistemas de controle a serem implementados e a manutenção da qualidade dos produtos através das diferentes cadeias de suprimento.

CAPÍTULO 4

O PARADOXO DA DISTÂNCIA CULTURAL: O BOTICÁRIO EM PORTUGAL

Claudia Marques Freire
Angela da Rocha

Ao ingressar em mercados externos através de investimento direto, ou mesmo de exportação, ocorre uma escolha de mercados. Entre tantos possíveis países a que se dirigir, as empresas selecionam o mercado onde darão os primeiros passos no processo de internacionalização. Três formas principais podem ocorrer: surge uma oportunidade inesperada em um mercado específico, ou a empresa escolhe mercados com os quais seus executivos tenham maior afinidade, ou, ainda, o que é mais raro, adota-se um processo dito racional de seleção de mercados.

No caso específico da franquia, a internacionalização assume contornos próprios, pois os processos de escolha de mercados envolvem, também, a escolha de franqueados. Como e por quê as empresas franqueadoras escolhem um mercado externo para desenvolver suas atividades internacionais? E como é feita a escolha de franqueados? Foi a essa questão que se dirigiu o presente estudo, analisando o caso de uma grande empresa franqueadora brasileira, O Boticário, e seu ingresso no mercado de Portugal.

ESCOLHA DE MERCADOS E DISTÂNCIA CULTURAL

No âmbito das teorias de internacionalização de empresas, a Escola de Uppsala é geralmente reconhecida como a proponente do construto de distância cultural, ligeiramente modificado e denominado distância psicológica, definida como a "soma dos fatores que previnem o fluxo de informação de e para um mercado"[1] , ou como "...fatores que impedem ou atrapalham as empresas em seu processo de aprendizagem e compreensão sobre um ambiente externo"[2] .

Outros pesquisadores apresentaram definições ligeiramente distintas. Reid discutiu o conceito de distância psicológica como um "construto-síntese". Sob essa perspectiva, distância psicológica seria definida como "...a importância percebida da semelhança cultural em diferentes dimensões tais como linguagem, hábitos de negócios, ambiente cultural, ambiente legal etc."[3] . O'Grady e Lane sugeriram expandir ainda mais o conceito de distância psicológica, incorporando fatores tais como estrutura da indústria e ambiente competitivo. Para eles, o conceito de distância psicológica seria, então, "o grau de incerteza de uma empresa sobre um mercado externo, resultante tanto de diferenças culturais como de outras dificuldades para realizar negócios que representam barreiras para o aprendizado sobre um mercado e a operação neste mercado"[4] .

Hallén and Wiederscheim-Paul consideraram a distância psicológica como "uma medida da dificuldade que o vendedor tem

---

[1] JOHANSON, J.; VAHLNE, J.E. The mechanism of internationalization. *International Marketing Review*, 7 (4) :11-24, 1990, p.24.

[2] NORDSTROM, K.A.; VAHLNE, J.E. Is the globe shrinking? Psychic distance and establishment of Swedish sales subsidiaries during the last 100 years. International Tradeand Finance Association's Annual Conference. Laredo, Texas, 22-25 April, 1992, p.3.

[3] REID, S. Export research in a crisis. In: CZINKOTA, M.R. (ed.) *Export promotion:* the public and private sector interaction. NewYork, Praeger, 1983, p.138.

[4] O'GRADY, S.; LANE, H. The psychic distance paradox. *Journal of International Business Studies*, 27 (2) :22-29, 1996, p. 23.

em perceber ou estimar as necessidades do comprador, ou a dificuldade correspondente que o comprador experimenta para perceber a oferta do vendedor"[5], sugerindo três tipos de distância psicológica que podem afetar a atuação internacional das empresas:

- *distância psicológica entre países* – relativa às diferenças de percepção de uma empresa média de um país em relação às percepções do comprador médio em outro país.
- *distância psicológica entre empresas* – relativa às diferenças entre as percepções da empresa compradora e da vendedora quanto às necessidades da primeira ou as ofertas da segunda.
- *distância psicológica intra empresas* – relativa às diferenças de percepção entre dois atores específicos, um em cada organização, quanto às necessidades do comprador ou as ofertas do vendedor.

Os autores salientaram a necessidade de se distinguir entre os conceitos, já que a percepção de distância psicológica entre países pode ser distinta da percepção de distância psicológica entre empresas específicas ou, mesmo, da percepção de pessoas que interagem nas duas organizações.

O conceito de distância psicológica seria, para diversos autores, mais amplo do que o de distância cultural, por incluir, além da distância cultural propriamente dita, elementos estruturais, tais como aqueles decorrentes dos sistemas administrativos e legais e as diferenças de linguagem. Outros autores preferem utilizar o termo distância cultural para englobar todos esses aspectos, considerando que tais fenômenos estão, todos eles, associados à cultura. De fato, não se pode duvidar que os sistemas administrativos e legais existentes em uma sociedade encontrem-se enraizados em sua cultura – a menos que tenham sido transplantados ou impostos por uma cultura estrangeira.

---

[5] HALLÉN, L.; WIEDERSCHEIM-PAUL, F. Psychic distance and buyer-seller interaction. In: BUCKLEY, P.J.; GHAURI, P. *The internationalization of the firm:* a reader. London, Academic Press, 1993, p. 293.

Segundo os teóricos de Uppsala, portanto, a distância psicológica interfere decisivamente nos processos de escolha de mercados externos, principalmente quando a empresa se encontra nos primeiros estágios de seu processo de internacionalização. O modelo propõe uma passagem seqüencial de mercados de menor distância psicológica para aqueles de maior distância psicológica, à medida que a empresa amplia seu escopo de atuação no mercado global.

Na primeira análise integradora da literatura internacional sobre comportamento exportador, publicada em 1978, Bilkey[6] observou que a maioria dos estudos realizados até então sustentava a proposição da Escola de Uppsala de que a atuação internacional da empresa tenderia a começar pelos países culturalmente mais próximos e estender-se paulatinamente àqueles culturalmente mais distantes. Um dos primeiros estudos, referenciado por Bilkey, indicou ainda que os fabricantes de produtos intensivos em tecnologia e empresas de pequeno porte seriam mais influenciados pela percepção de distância cultural do que os demais.

Dichtl, Köglmayr e Müller[7] procuraram avaliar se os gerentes de empresas exportadoras japonesas e alemães tinham maior ou menor orientação internacional do que os de empresas não exportadoras, a partir de uma série de fatores, entre os quais sua percepção de distância psicológica para outros mercados. Os resultados empíricos apoiaram as hipóteses dos pesquisadores. Gripsrud (1990), em um estudo sobre as exportações de empresas norueguesas para o Japão, observou que, quanto menores os obstáculos culturais percebidos, maior a probabilidade de a empresa exportar para um mercado percebido como culturalmente distante, no caso, o Japão. Cooper e Kleinschmidt[8], por sua vez, obser-

---

[6] BILKEY, W.J. An attempted integration of the literature on export behavior of the firms. *Journal of International Business Studies*, 9 (1) :33-46, 1978.

[7] DICHTL, E.;KÖGLMAYR, MÜLLER, S. International orientation as a precondition for export success. *Journal of International Business Studies*, 21 (1) :23-40, 1990.

[8] COOPER, R.G.; KLEINSCHMIDT, E.J. The impact of export strategy on export sales performance. *Journal of International Business Studies*, 16 (4) :37-55, Spring 1985.

varam maior taxa de crescimento das exportações em empresas com orientação mundial do que naquelas que atendiam a mercados geograficamente próximos.

Em uma revisão da literatura sobre desempenho exportador, Madsen[9] indicou que a distância psicológica aos mercados parecia estar negativamente correlacionada ao desempenho da empresa na atividade exportadora, ou seja, a maior distância psicológica corresponderia menor desempenho. No entanto, Zou e Stan[10], analisando a literatura da década seguinte, observaram que a distância psicológica não parecia ser útil para predizer o desempenho das empresas em exportações.

Stöttinger e Schlegelmilch[11] também buscaram associar o conceito de distância psicológica ao desempenho em exportação. Os resultados do estudo, utilizando um modelo de regressão múltipla, não mostraram a existência de qualquer relação entre desempenho em exportação e distância psicológica. Desempenho em exportação foi medido pela proporção de exportações no faturamento e pelo crescimento das exportações das empresas. Os autores sugeriram que talvez o conceito de distância cultural tivesse se tornado menos importante devido à globalização dos mercados.

No Brasil, poucos estudos foram realizados sobre o tema. O primeiro e mais amplo estudo realizado no país sobre a questão da distância cultural e a internacionalização de empresas foi o de Leite[12], que analisou a relação entre a escolha de mercados de

---

[9] MADSEN, T.K. Empirical export performance studies: a review of conceptualizations and findings. *Advances in International Marketing*, 2 :177-198, 1987.

[10] ZOU, S.; STAN, S. The determinants of export performance: a review of the empirical literature between 1987-1997. *International Marketing Review*, 15 (5) :333-356, 1998.

[11] STÖTTINGER, B.; SCHLEGELMILCH, B.B. Explaining export development through psychic distance: enlightening or elusive? *International Marketing Review*, 15 (5) :357-372, 1998.

[12] LEITE, H.M.C.B. Afinidades culturais do executivo e a seleção de mercados eternos nas empresas brasileiras produtoras de manufaturados. Rio de Janeiro: COPPEAD/UFRJ, 1981. (Dissertação de mestrado).

exportação e a percepção de semelhanças e diferenças culturais entre o Brasil e os principais mercados externos servidos pelos exportadores de manufaturados brasileiros. A pesquisa, do tipo *survey*, foi feita junto a uma amostra aleatória de 153 empresas brasileiras exportadoras de manufaturados. Foram entrevistados nessas empresas 171 executivos de topo, responsáveis pelas atividades de exportação. Foram estudadas as percepções de distância cultural em relação a 35 mercados, utilizando-se a percepção global de distanciamento cultural e a percepção de semelhanças e diferenças quanto a idioma, costumes e raça. Foi utilizada uma escala de sete pontos, do tipo Likert, para medir o grau de semelhança ou diferença percebido entre cada país e o Brasil, variando de "muito semelhante" a "muito diferente".

Curiosamente, nenhum país, em média, foi considerado como muito semelhante ao Brasil. Três países se destacaram entre os 35, sendo percebidos como culturalmente próximos ao Brasil: Portugal, Uruguai e Argentina. Logo a seguir, porém um pouco mais distantes, vinham outros países de cultura latina: Venezuela, Colômbia, Espanha, México, Paraguai, Bolívia, Peru e Chile. A França apareceu bem mais distanciada, já vista como "um pouco diferente". Canadá e EUA encabeçaram a lista dos países percebidos como "diferentes", enquanto Síria, Hong Kong, India, Japão e Kuwait eram vistos como "muito diferentes". No que se refere à relação entre distância cultural e escolha de mercados de exportação, a pesquisa corroborou os pressupostos do modelo de Uppsala, encontrando forte correlação entre a afinidade cultural com determinado país expressa pelos executivos e as decisões empresariais que escolhiam esse mesmo país como mercado para exportação.

Outro estudo foi o de Grael e Rocha[13], analisando o caso da Rede Globo de Televisão. Na década de 1970, a Rede Globo havia

[13] GRAEL, I.; ROCHA, I. O processo de internacionalização de uma empresa. In: Rocha, A. (org.) *Gerência de exportação no Brasil*. São Paulo: Atlas; Rio: Ed.da UFRJ, 1987, pp.128-156.

concluído a conquista do mercado brasileiro, onde gozava da mais indiscutível liderança. No plano internacional, as pesquisas a classificavam entre as cinco maiores redes do mundo, após as três líderes americanas (ABC, NBC e CBS) e a japonesa NHK. Naquele momento, a empresa iniciou suas atividades internacionais, exportando suas telenovelas para outros mercados. A direção via na atividade internacional uma fonte de prestígio e de receita. A telenovela, como desenvolvida pela Globo, era um produto diferenciado daqueles existentes em outros mercados, um produto em que a empresa atingira um grau de excelência incomum para os padrões internacionais.

O mercado de Portugal foi o primeiro escolhido para início das atividades de exportação, em 1976. O sucesso em Portugal motivou a empresa a expandir suas exportações para outros mercados. Em 1977, criou-se o departamento internacional e partiu-se para a exportação para países da América Latina. Instalou-se, ainda, um pequeno escritório de vendas em Roma. O departamento internacional foi ampliado, sendo criada uma divisão paragerir os negócios internacionais da empresa, ao mesmo tempo em que as exportações cresciam e os mercados se diversificavam, atingindo-se outros países europeus, além de Portugal e Itália. Em 1985, a empresa exportava para 140 países, inclusive a China, obtendo um faturamento total no exterior estimado em 15 milhões de dólares. Naquele mesmo ano, a Globo comprou a Telemontecarlo, sediada em Montecarlo, com filial em Milão, cujo sinal cobria, além do principado, parte da França e da Itália.

Cumpriu-se assim, no caso da Rede Globo, o processo prescrito pelas teorias escandinavas de internacionalização: da exportação ao investimento direto no exterior. Devido às características culturais do produto, a empresa optou por introduzi-lo inicialmente nos mercados latino-americanos e em Portugal, ampliando sucessivamente sua atuação para mercados culturalmente mais distantes. A decisão de investimento direto no exterior também foi associada a um país latino, a Itália. A empresa, posteriormente, sairia do mercado italiano, vendendo a Telemontecarlo, mas faria investimentos diretos no mercado português, onde ainda atua.

Estudo mais recente[14] explorou a questão da distância cultural no contexto das decisões de investimento direto no exterior. A Argentina apareceu como o principal destino dos investimentos diretos no exterior das empresas pesquisadas, seguindo-se Estados Unidos, Portugal e Chile. Portugal, em particular, era visto como "porta de entrada" para os investimentos brasileiros no bloco europeu, como um país culturalmente próximo, ainda que inserido na Europa, que era vista, paradoxalmente, como culturalmente distante.

No entanto, nem sempre as pesquisas apontam na mesma direção. Os pesquisadores canadenses O'Grady e Lane[15] investigaram 32 operações de varejo canadenses que haviam ingressado no mercado americano. Dessas, quase 80% haviam fracassado, embora os EUA fossem não só o mercado geograficamente mais próximo do Canadá, como também o de maior semelhança cultural. Os autores sugeriram a possível existência de uma relação negativa entre proximidade cultural com um mercado externo e desempenho da empresa naquele mesmo mercado, a que denominaram o "paradoxo da distância cultural", fenômeno até então ignorado na literatura sobre o tema. Assim, propuseram que a entrada em países culturalmente próximos poderia resultar em baixo desempenho da empresa e, até mesmo, em fracasso:

> *"Ao invés de ser fácil a entrada e a operação em países psicologicamente mais próximos, argumentamos que a semelhança percebida pode levar os tomadores de decisão a fracassar porque eles não se preparam para as diferenças [...] Mesmo em países psicologicamente próximos como Canadá e EUA, pode haver diferenças significativas que podem afetar a capacidade de os gerentes condu-*

---

[14] Ver Capítulo 2 deste livro.

[15] Op.cit.

zirem seus negócios. O que pode parecer superficialmente como psicologicamente próximo, pode ser, na realidade, mais distante do que parece." [16]

As evidências empíricas relatadas na literatura sugerem, portanto, que a percepção de distância cultural pode ter papel decisivo nas escolhas estratégicas e táticas das empresas, levando-as a melhor ou pior desempenho. Em particular, a percepção de similaridade entre culturas não parece conduzir, necessariamente, a maior sucesso na atividade internacional.

O caso objeto de estudo neste capítulo refere-se à entrada de uma empresa brasileira bem sucedida no mercado doméstico em um mercado externo culturalmente próximo ao Brasil – Portugal – e a forma pela qual esta empresa formula sua estratégia de entrada neste mercado. Procurou-se verificar em que medida o chamado "paradoxo da distância cultural" se apresenta nessas operações.

EVOLUÇÃO DO SETOR DE PERFUMARIA E COSMÉTICOS NO BRASIL

A indústria de cosméticos é, em grande parte, uma indústria global, se considerada a presença de empresas multinacionais que operam em grande número de países e *griffes* de luxo atuando no segmento superior do mercado. Com o prestígio que lhes é conferido pela presença internacional, essas empresas dominam os mercados mundiais, sendo difícil – embora não impossível – para empresas locais concorrer com as multinacionais.

No caso do Brasil, a presença das multinacionais data da primeira metade do século, quando conquistaram o mercado utilizando técnicas de marketing e propaganda avançadas para a época. Ao final da década de 1960 e no decorrer da de 1970, um novo

[16] Ibidem, p.28.

grupo estratégico surgiu e passou a ocupar espaço importante no mercado brasileiro, trazendo um novo conceito: o de cosméticos "naturais". Surgidas praticamente do nada, estas empresas de capital totalmente nacional, que traziam uma proposta de *marketing* alternativa, encontraram seu lugar no mercado graças, em parte, à política de substituição de importações que criou um nicho onde puderam se desenvolver.

As grandes empresas nacionais do setor de perfumaria e cosméticos, Natura (1969), O Boticário (1977), Água de Cheiro (1976) e L'Acqua di Fiori (1980) começaram como operações "de fundo de quintal", dedicadas à fabricação de produtos naturais, para consumidores de poder aquisitivo médio e alto, e se fortaleceram durante o período de recessão dos anos 80, graças às políticas governamentais de proibição de importações e altas taxas alfandegárias. Neste mesmo período, algumas empresas multinacionais do setor, atuantes no país, como Revlon e Yardley, decidiram abandonar o mercado brasileiro.

Foi, talvez, visando aproveitar o espaço deixado pelas concorrentes internacionais que Natura, O Boticário, Água de Cheiro e L'Acqua di Fiori resolveram instalar fábricas nos anos 80 e investir no crescimento de suas parcelas de mercado, oferecendo uma opção de perfumaria e cosméticos aos produtos de massa existentes nos pontos tradicionais do varejo como supermercados, lojas de departamento e drogarias. Essa opção eram os chamados "cosméticos naturais", mais suaves, menos agressivos, com odores do campo, embalagens mais rústicas, porém de bom gosto, que buscavam afastar-se do conceito de "industrializados" e procuravam remeter às coisas da natureza.

Como estratégia de expansão de mercado, O Boticário, Água de Cheiro e L'Acqua di Fiori utilizaram franquias (1980, 1981 e 1983, respectivamente), na época um conceito praticamente desconhecido no Brasil. O sistema parecia vantajoso, dado o alto custo dos produtos de perfumaria e cosméticos e o pouco capital de giro de que as empresas dispunham. Ao mesmo tempo, as franquias eram uma alternativa à venda direta de menor alcance e à colocação de produtos em canais tradicionais cujo custo era alto. Assim, prometendo baixo investimento inicial para os franqueados e alta rentabilidade associada a produtos de qualidade, aos poucos as empresas conquistaram uma ampla cobertura no território nacional. Estratégia diferente foi adotada pela Natura que, em 1974, optou pelo sistema de atendimento porta-a-porta com a figura do consultor de negócio, a exemplo da empresa americana Avon.

Internacionalmente, os anos 80 foram marcados pela crescente globalização da indústria, com fusões e aquisições de operações e licenças de empresas familiares pelos grandes competidores internacionais do setor. Como resultado desta maior globalização, estas empresas passaram a usar no segmento de perfumaria e cosméticos as mesmas estratégias de desenvolvimento de produtos e de marketing usados para vender produtos de consumo, aumentando os custos necessários para o lançamento de produtos e a construção de marcas diferenciadas.

Na década seguinte, a abertura da economia nacional com a queda das barreiras tarifárias mudou o cenário competitivo interno. Para os concorrentes internacionais, a fragmentação do mercado local e as altas margens ofereciam alternativa atraente para o desaquecimento da demanda norte-americana e européia. Em relação ao consumidor, a queda das barreiras comerciais representou a chegada de produtos recém lançados no exterior mais rapidamente, com preços mais atraentes e em maior número de pontos de venda.

De modo a se manterem competitivas frente a concorrentes com experiência em distribuição, gerência de marca e investimento em tecnologia, as empresas brasileiras tiveram que repensar o sistema de franquias. Apesar de ter permitido rápida expansão do setor, percebeu-se que o modelo tinha sido adotado de forma intuitiva, pouco planejada e com sistema de controle ineficiente. Seguiu-se, então, um período de reestruturação da indústria, através do enxugamento das redes de franquia, redução de custos e margens de lucro, profissionalização e seleção de franqueados (com eliminação daqueles que não cumpriam as normas), treinamento de mão de obra, aumento da capacidade produtiva e modernização tecnológica[17]. Ao mesmo tempo, as empresas nacionais tiveram que investir na inovação de conteúdo, forma e embalagem e na busca de novos nichos onde o valor do benefício pudesse diminuir a importância do preço na decisão de compra.

Novas mudanças no cenário nacional vieram com o Plano Real, que permitiu a estabilização da economia, através da redução substancial da inflação, e equiparou a moeda local ao dólar americano. Com o aumento do poder aquisitivo do consumidor brasileiro, houve uma expansão do mercado, que passou a incorporar consumidores de classe social mais baixa, que não tinham antes acesso aos produtos. No ano 2000, a indústria brasileira de cosméticos era a quarta maior do mundo.

O CASO ESTUDADO: O BOTICÁRIO

A Hudson José Botica Comercial Farmacêutica Ltda. – nome de fantasia "O Boticário" – foi criada em Abril de 1977 por Miguel Krigsner e mais três sócios. O investimento inicial de U$3.000 visou estabelecer uma farmácia de manipulação em Curitiba dentro de um conceito de *boutique*.

A pouca concorrência internacional em virtude da restrição à importação, na década de 1980, favoreceu o crescimento da farmácia. Na época não existia muita opção de perfumaria e cosmética e a população tinha que escolher entre produtos disponíveis em farmácias e supermercados, comercializados através de venda porta a porta, como a Avon, ou vendidos por importadoras.

---

[17] A revolução dos perfumes. *Pequenas Empresas, Grandes Negócios*, 4 (45) :52-54, out. 1992.

A identificação de uma tendência ao naturalismo fez com que Krigsner adotasse ingredientes naturais no desenvolvimento dos primeiros produtos dermatológicos voltados para atender as classes A e B. A boa aceitação dos produtos levou ao desenvolvimento de novos cosméticos na mesma linha. Uma vez que o preço não parecia ser uma limitação, os sócios acreditaram no negócio e passaram a se dedicar cada vez mais ao segmento de cosméticos, fazendo cursos no exterior, pesquisas de formulação e de mercado. Para divulgação dos produtos contavam com a propaganda boca-a-boca feita pelos consumidores satisfeitos com sua qualidade.

A escalada da produção e dos negócios da empresa veio com a abertura de uma loja no então recém-inaugurado aeroporto Afonso Pena, em Curitiba, em 1979. Além da malha informal de distribuição que começou com as comissárias de bordo, ao mesmo tempo consumidoras e revendedoras, a empresa passou também a fazer entregas via reembolso postal a consumidores que entravam em contato direto com a empresa através do endereço e telefone que iam impressos na parte de baixo das embalagens.

Paralelamente à construção dos primeiros 1000 m^2 de fábrica em São José dos Pinhais, o grupo investia na imagem da marca e dos produtos. Uma oportunidade que não foi desperdiçada foi a compra, a preço baixo e a prazo, de embalagens sofisticadas do Grupo Silvio Santos que havia desistido de entrar no mercado de cosméticos.

O aumento do volume de produção levou O Boticário a avaliar a necessidade de estruturar um canal de vendas para atender às pessoas que insistiam em querer comercializar os produtos. A adoção de franquias como estratégia de crescimento foi reflexo da falta de dinheiro para investir em propaganda e colocar os produtos nas prateleiras de supermercados e drogarias no eixo Rio-São Paulo e da possibilidade de ter maior controle na venda de produtos e cuidado com a marca. Os primeiros revendedores do produto acabaram se transformando em distribuidores regionais e depois, com a adoção do modelo de franquia, master franqueados. Além da revenda do produto, passaram a ser responsáveis pelo serviço e por credenciar pessoas.

A propaganda a nível nacional passou a ser adotada em 1984. Até então a empresa contava apenas com o boca-a-boca ou fazia pequenas inserções nos jornais regionais de Curitiba. O crescimento do número de franqueados, uns 300 na época, aumentou o risco de a divulgação feita por conta própria prejudicar a credibilidade da marca e quebrar o padrão do negócio (no Nordeste falava-se de produtos artesanalmente preparados e no Sul de produtos naturais). Assim, O Boticário começou a fazer propaganda em revistas femininas de circulação nacional que davam *status* ao produto e permitiam que se veiculasse uma comunicação padronizada. A utilização da televisão só foi feita em 1987, visando atender pontos de venda distantes dos grandes centros.

Da expansão e do aumento da competitividade no setor veio a preocupação com o atendimento prestado aos clientes. Para isso, em 1986, foi desenvolvido um treinamento básico para vendedoras-balconistas, ministrado por instrutores da matriz, cujo propósito era garantir a padronização do atendimento desde o vestuário até as normas de conduta. Ainda assim, em 1987, foi necessário fazer uma adequação da estrutura do negócio: "saímos de 1100 para 800 pontos de vendas. E logo dois anos depois voltamos para 1200".

Entre 1987 e 1992, O Boticário fechou mais de 150 lojas, no bojo do processo de reestruturação do setor. Entre as medidas adotadas encontravam-se o estabelecimento da franquia de forma mais completa, desenvolvendo-se manuais de padronização de procedimentos. Além disso, foram reformulados os contratos de franquia e profissionalizadas as relações com os franqueados. As linhas de produto foram expandidas, de modo a reduzir a sazonalidade das vendas.

A década de 1990, particularmente sua segunda metade, assistiu a um crescimento acentuado do mercado brasileiro de cosméticos. Entre 1992 e 1997, por exemplo, o faturamento da indústria passou de US$1,7 bilhão para US$3,250 bilhões. O faturamento de O Boticário acompanhou este crescimento.

A entrada de produtos importados no mercado brasileiro, além do ingresso de multinacionais, provocou acirramento da competição, levando O Boticário a modificar suas estratégias e a adotar medidas que visavam aumentar sua competitividade. Entre as medidas adotadas em 1995 destacaram-se a adoção de novos sistemas de custeio e as parcerias com fornecedores, com vistas à redução de custos.

Outro problema que O Boticário teve que enfrentar, para fazer face ao crescimento, foi a ampliação do tamanho de suas lojas. De fato, o tamanho médio das lojas tornara-se insuficiente para permitir a exposição da linha de cerca de 400 produtos fabricados pela empresa. A solução encontrada foi o desenvolvimento de novo projeto arquitetônico, com loja mais ampla, em que a venda se realizava segundo um modelo de auto-serviço assistido.

Ainda em 1997, a empresa realizou um programa de reengenharia, modificando sua estrutura operacional. Em 1999, a empresa prosseguia em sua estratégia de cobertura mais ampla dos vários segmentos do mercado, procurando dimensionar melhor sua linha, fortemente concentrada nos segmentos de faixa etária menor, para atender ao público adulto.

O PROCESSO DE INTERNACIONALIZAÇÃO DE O BOTICÁRIO E A ENTRADA EM PORTUGAL

Até meados dos anos 80, O Boticário exportava seus produtos, atendendo a pedidos vindos de outros países, deixando ao revendedor o trabalho de estabelecimento da marca, desenvolvimento do mercado e tradução de rótulos. A direção da empresa era sensível, porém, às oportunidades que surgiam no mercado internacional, embora não fizesse nenhum esforço deliberado para explorá-las, por perceber amplas possibilidades, ainda não exploradas, no mercado doméstico. Configurava-se, assim, uma atitude passiva em relação à internacionalização, indicando encontrar-se a empresa no primeiro estágio da atividade exportadora, respondendo apenas a pedidos espontâneos vindos do exterior.

Essa atitude de quase indiferença em relação à exportação se justificava, pois a expansão internacional iera vista como implicando dificuldades específicas, para as quais a empresa não se encontrava aparelhada. Em primeiro lugar, a empresa não dispunha de uma estrutura interna que lhe permitisse explorar melhor a atividade internacional.

Em segundo lugar, a atratividade de um amplo mercado interno, como o Brasil, onde a empresa ainda não concluíra seu processo de expansão nacional, tornava a possibilidade de atuação no exterior pouco interessante, particularmente para os mercados desenvolvidos e saturados da Europa e dos Estados Unidos. As altas barreiras tarifárias no mercado doméstico proporcionavam especial conforto, pois impediam a concorrência de produtos importados e dificultavam a chegada de novos entrantes internacionais.

O fator que mais restringia a internacionalização, no entanto, na percepção dos executivos, era a necessidade de troca de nomes de produtos, tradução da rotulagem e eventuais modificações na formulação. A formulação química dependia de e precisava ser adaptada às variações climáticas de um país para outro. A complexidade do processo podia ser avaliada pelo fato de a empresa comercializar mais de 400 fórmulas distintas. Finalmente, a análise puramente econômica também não favorecia a decisão de internacionalização.

Apesar dos fatores contrários à internacionalização, outros aspectos atraíam a empresa para o mercado internacional. O principal deles era a chegada contínua de propostas de abertura de lojas no exterior por candidatos a franqueados. A quantidade de pessoas interessadas em revender os produtos de O Boticário no exterior se constituía em pressão constante para a internacionalização, chamando a atenção para as oportunidades daí derivadas. É possível que os dirigentes percebessem a expansão internacional como uma extensão do sucesso obtido pela empresa no mercado doméstico e que o desejo de ver sua marca no exterior tivesse um significado particular, tornando-os mais sensíveis aos pedidos de abertura de franquia fora do Brasil. Além disso, havia plena consciência, entre os executivos, de que a empresa dispunha de um sistema de venda de sucesso, combinado à boa aceitação de seus produtos, o que, de certa forma, sugeria a possibilidade de repetir esse sucesso fora do Brasil. Os dirigentes também entendiam que, para ter sucesso no exterior, seria necessário repetir o modelo de atuação no Brasil, a franquia. Mais ainda, acreditavam que a expansão internacional só seria bem sucedida se o franqueado selecionado para abertura de lojas no exterior conhecesse a empresa e fosse de confiança da direção.

Essa possibilidade se concretizou através de um pedido de abertura de franquia no mercado de Portugal por sócios de uma franquia master de O Boticário no Brasil, em conjunto com parentes sediados em Portugal. Tal proposta foi percebida pela alta direção como uma oportunidade viável de internacionalização, já que se preenchiam os requisitos necessários e removiam-se os empecilhos à internacionalização.

Em primeiro lugar estava o fato de os candidatos portugueses cumprirem um requisito considerado fundamental, que era a existência de conhecimento e relacionamento prévios com a empresa.

Em segundo lugar, o fato de se falar o mesmo idioma naquele país era visto como permitindo adaptação mínima e gradual dos produtos. O fator de maior peso em relação ao idioma não era, portanto, a comunicação publicitária, mas a descrição dos produtos. A percepção de pouca necessidade de adaptação do produto parecia fundamental:

"No mercado de Portugal seria possível utilizar os produtos, mudava-se o nome de deo-colônia para Eau de Toilette, *o resto poderia ser utilizado. Esta era a facilidade."*

Outro entrevistado comentou: "Portugal era mais fácil por causa do idioma, não era necessário trocar toda a rotulagem, a formulação química." Além disso, a associação com o Brasil e um certo conhecimento da marca – que se supunha já existir naquele mercado – eram percebidos como facilitadores adicionais no processo de entrada:

"Era um mercado um pouco mais fácil de entrar do que outros mercados porque não tinha a barreira de idioma, fosse para as pessoas que você tinha que mandar para lá, fosse para os consumidores que iriam conseguir ler o produto e fazer referência ao Brasil e à marca O Boticário".

Os entrevistados indicaram, ainda, outro fator, que seria a percepção de ser Portugal "a porta de entrada para o mercado europeu", uma oportunidade de desenvolver a capacidade internacional da empresa em ambiente protegido pelas semelhanças culturais, cujo idioma e costumes eram conhecidos dos brasileiros.

A entrada em Portugal foi feita através de três lojas administradas pelos franqueados de São Paulo em associação com os parentes de Portugal. As mercadorias eram produzidas no Brasil e enviadas para as lojas no exterior.

As dificuldades com as diferenças culturais apareceram já no início. A primeira delas, que se configurou inesperada para os executivos envolvidos no processo de internacionalização, foi as diferenças de idioma.

"Quando você chega lá, esbarra em algumas coisas. Tudo bem, o produto, a língua.... Mas a língua já não é a mesma... e os costumes... você mal sabe que os costumes muitas vezes são tão diferentes."

O uso de expressões e palavras com significados distintos no Brasil e em Portugal causou transtornos na comunicação publicitária. Um executivo observou: "Também há coisas que não querem dizer nada em português de Portugal." Muitas palavras tinham outro significado. Palavras e expressões usadas normalmente no vocabulário brasileiro podiam ter significados distintos em Portugal e, até mesmo, pejorativos. Havia palavras que compunham a linha de comunicação da empresa no Brasil que não podiam ser pronunciadas socialmente em Portugal.

Um dos desafios foi o uso de uma campanha de propaganda desenvolvida no Brasil, que os executivos de O Boticário temiam ser muito ousada para os padrões locais, mais conservadores: "Era preciso ser muito claro, não se podia usar muita malícia e irreverência em anúncios...", como era a marca da propaganda brasileira. Apesar da percepção de que o "tom" a ser dado aos anúncios locais deveria ser mais cuidadoso e conservador do que no Brasil, optou-se por "ousar um pouco com os costumes tradicionais", reconhecendo-se que tentativa-e-erro seriam uma boa forma de aprender sobre a receptividade dos consumidores portugueses a esse novo enfoque de comunicação. Apesar de tudo, a campanha, na avaliação dos executivos, acabou sendo bem sucedida.

Diversos problemas com o produto refletiam a inexperiência da empresa em lidar com outros mercados que não o brasileiro. Os hábitos locais não haviam sido previamente estudados, acreditando-se que os parceiros locais trariam essas informações. No entanto, a falta de trabalho conjunto com esses parceiros se refletia em improvisações no decorrer do processo:

> *"Sofremos muito até acertar. Nem havia amostras que fechassem direito aqui no Brasil. Tínhamos que mandar produto lacrado em galão, com uma seringa para retirar a quantidade para uma semana... E tem a questão de produtos, a lavanda, na Europa, é usada para banheiro e cozinha..."*

Informações que poderiam ter sido facilmente obtidas previamente através de estudos e observação do mercado não o foram, levando a erros e dificuldades que tiveram que ser sanados no decorrer do tempo.

Outro aspecto peculiar no ingresso em Portugal referiu-se a outro componente do *mix* de marketing, a força de vendas. O treinamento da força de vendas em produtos e argumentação foi outro aspecto trabalhoso no processo de entrada. A sociedade portuguesa, mais conservadora, não estava habituada ao uso de técnicas de venda e *marketing* mais agressivas. Conforme declarou um executivo entrevistado: "Português não sabe vender, oferecer. Para ele é vergonha indicar produto para alguém, é constrangimento. É feio vender." Foi preciso não só instituir premiações de vendas para aumentar os resultados, como também redesenhar as campanhas para atender culturalmente às expectativas locais.

> *"Durante muito tempo tentou-se quebrar esta característica cultural... Premiação por vendas não dava certo, os portugueses não gostavam pois tinham pena de quem não atingisse. Além disso, tinha o problema da entrega do prêmio: se era viagem, a mulher não podia ir sozinha."*

Finalmente, a contratação de brasileiras residentes em Portugal como vendedoras ajudou a estabelecer a força de vendas.

Outra dificuldade enfrentada foi a falta de estruturação interna da empresa para o mercado externo. A necessidade de maior interação com o franqueado e o relativamente pequeno apoio da matriz refletiram-se no desempenho dos franqueados em Portugal. Os portugueses enfrentaram os problemas de formulação, estabelecimento da força de vendas e da marca com pouco apoio do Brasil. Observou um dos participantes do processo de internacionalização da empresa: "No começo foi uma confusão. Até o nome em português lembrava farmácia... O negócio não andou muito."

A direção de O Boticário reconhecia que seu envolvimento inicial com as operações em Portugal não havia sido tão profundo quanto desejável: "nós não abraçamos a operação, pelo contrário; demos atenção, mas não foi com aquele fervor". Analisando os motivos que levaram a que não fosse dada a atenção necessária à operação no exterior, naquele momento do processo de internacionalização, um dos dirigentes da empresa argumentou:

> *"É que se entrou por um motivo, achando que era a porta de entrada na Europa, e quando você faz uma análise mais técnica, com o sangue mais frio, você vê que não é porta de entrada e que é um mercado pequeno. O tamanho de Portugal, como país, cabe aqui dentro de alguns de nossos estados e o consumo lá não é alto. Eu tenho um custo e o retorno é no longo, longo prazo. Então, eu tinha a operação, ela ia bem, mas estava longe de ser a 'menina dos meus olhos'."*

O baixo desempenho da operação portuguesa minava o processo de internacionalização iniciado e que já se expandia para outros países. O que estava errado? Uma análise por parte dos dirigentes de O Boticário levou gradualmente à conclusão de que o processo em si estava errado, faltando o necessário comprometimento da empresa para o sucesso da operação em Portugal: não bastava apenas orientar, era necessário assumir a implantação do negócio, como se fazia no Brasil. Era necessário manter uma estrutura interna própria para atender o mercado externo e ter um parceiro de negócios não só conhecido, mas com espírito empreendedor e capacidade de fazer o negócio crescer no local.

Foi neste momento que O Boticário e os franqueados reavaliaram a estratégia de negócio: ou fechavam a operação, ou a empresa assumia a responsabilidade de torná-la bem-sucedida. Não se tratava apenas de os produtos serem bem acolhidos, mas de ter volume de produção e venda que justificasse o empreendimento. A empresa entendeu que os fatores de sucesso do Brasil a serem repetidos no exterior eram presença local (em número de lojas) e dedicação à ampliação do negócio.

Isso implicou uma mudança de diretriz. Um executivo da empresa assumiu a operação por dois anos e, depois, foi feita a transição para um *master* franqueado local. Esse *master* franqueado era conhecido da empresa, "era português, mas tinha morado no Brasil, estudado no Brasil". O maior entendimento do mercado pelo *master* franqueado local e a repetição do modelo de franquia contribuíram para o sucesso da nova fase da operação.

O Boticário manteve algumas lojas próprias no mercado português e as demais foram repassadas ao franqueado. A empresa reconhecia que dispor de loja própria no mercado português era "fundamental", porque "eu só posso ensinar se eu estou fazendo..." As lojas próprias eram utilizadas, ainda, para testes de produto, de abordagem de vendas e *merchandising*.

A produção local não foi adotada em virtude do pouco volume. Em comparação com o Brasil, o mercado consumidor de Portugal era percebido como muito pequeno e concorrido. Fatores como uma grande retração no mercado brasileiro ou uma estratégia de expansão para o resto da Europa poderiam justificar o investimento, mas o mercado brasileiro ainda era considerado, em 2000, como a grande oportunidade ("aqui é a minha vaca leiteira"), apesar de as operações internacionais estarem ganhando mais peso ("lá é investimento").

Em 2000, O Boticário dispunha de 1750 pontos de vendas no Brasil e 60 em Portugal. Estava ainda presente no Peru, Bolívia, Paraguai, Japão, México e Canadá.

PORTUGAL COMO DESTINO INTERNACIONAL DA EMPRESA

As teorias comportamentais sobre o processo de internacionalização enfatizam a existência de uma cadeia de estabelecimento em estágios, com escolha de mercados associada à distância psicológica e a mudança de estágios sendo feita à medida que a empresa adquire maior conhecimento do mercado. No caso de O Boticário, a empresa passou pelos estágios de não exportação, para exportação de produtos através de agentes (venda de produtos para terceiros em outros países, que se encarregavam da venda), para posteriormente partir para o investimento direto (estabelecimento de lojas próprias e franqueadas).

Na fase inicial de exportadora passiva, a empresa atendia basicamente a pedidos vindos do exterior. Naturalmente, a qualidade de seus produtos e a imagem de marca eram, em grande parte, responsáveis por esses pedidos espontâneos, oriundos de pessoas que visitavam o Brasil e tomavam conhecimento da existência do produto e da marca e, posteriormente, se interessavam em importá-la para seus países de origem. Assim, os pedidos espontâneos não ocorriam no vácuo, mas refletiam uma posição superior da empresa em relação a seus concorrentes no mercado interno.

Fatores internos à empresa podem induzir ou refrear a internacionalização. No caso em questão, os fatores internos fizeram com que os dirigentes de O Boticário tivessem certa relutância em partir para a expansão internacional pois, na época, a empresa estava em pleno crescimento no Brasil e não tinha recursos gerenciais, de produção, ou financeiros em excesso. Assim, as oportunidades existentes no mercado internacional não eram interessantes o suficiente perto das oportunidades internas e a competição de firmas estrangeiras no mercado interno não seria motivo para internacionalizar, mas para fortalecer a posição no mercado doméstico.

Apesar de a falta de conhecimento e de recursos ter refreado durante algum tempo a internacionalização de O Boticário, a empresa acabou decidindo-se pela ida para Portugal, quando a oportunidade se apresentou. Observe-se, porém, que a decisão de internacionalizar não foi, assim, fruto de uma análise das opções de expansão, com escolha do país mais apropriado para o negócio, mas uma decisão de caráter oportunista, para explorar uma oportunidade que parecia suficientemente atrativa.

O maior comprometimento com o mercado português se verificou no decorrer do processo de internacionalização, porém de forma distinta à prevista pelo modelo de Uppsala. A empresa se estabeleceu inicialmente através de franquia, para depois abrir lojas próprias e aumentar seu comprometimento em termos de recursos gerenciais e financeiros. O não estabelecimento de uma unidade de produção neste país, por outro lado, não pode ser associado à falta de envolvimento, mas a aspectos econômicos. A adoção do modelo de franquia também teria modificado a cadeia de estabelecimento no caso estudado, pois se trata de uma estratégia de entrada mais curta.

A escolha do mercado português como o primeiro mercado para abertura de franquias no exterior sugere que a questão da distância psicológica não foi estranha à decisão, embora fatores racionais apontassem na mesma direção, em particular a questão da tradução de rótulos e adaptação do produto. Observe-se que, embora tal percepção fosse equivocada, devido às efetivas diferenças entre os dois países, parece ter tido papel importante na decisão de internacionalização.

Apesar dos inúmeros pedidos de franquias recebidos de vários países, a proposta aceita pela empresa foi a de parentes de franqueados bem-sucedidos no Brasil. Esta particularidade corrobora a proposição de que no Brasil as *networks* empresariais e pessoais podem funcionar como mediadoras do processo de internacionalização, reduzindo o risco percebido em operar no exterior. A questão do "homem de confiança", que tão fortemente demarca as escolhas empresariais em uma sociedade relacional como o Brasil, aparece mais uma vez na decisão de internacionalização.[18]

A proposição de O'Grady e Lane[19] de que haveria uma relação negativa entre a maior proximidade psicológica e o desempe-

---

[18] Veja-se: ROCHA, A. O processo de internacionalização de empresas brasileiras: estudos em gestão internacional. Rio, Mauad, 2001.

[19] Op.cit.

nho da empresa na internacionalização foi corroborada pelo estudo. A direção de O Boticário partiu do pressuposto de que Portugal seria uma réplica do Brasil e que, portanto, seriam prescindíveis as adaptações. O suposto conhecimento do idioma falado em Portugal e dos costumes daquele país, assumidos como idênticos aos brasileiros, resultou em diversas dificuldades que comprometeram o desempenho do negócio em um primeiro momento. No entanto, a empresa foi capaz de identificar os problemas, reconhecer sua atitude ingênua na condução dos negócios naquele mercado e repensar sua estratégia de atuação.

Assim, a escolha de um caso relacionado à entrada em um mercado culturalmente próximo ao Brasil, o mercado de Portugal, permite explorar alguns aspectos enunciados na literatura, mas que encontram comprovação empírica ainda limitada. O chamado "paradoxo da distância cultural", discutido por O'Grady e Lane[20] para a situação de empresas canadenses ingressando nos Estados Unidos, se manifesta claramente no caso de entrada de O Boticário no mercado português. Pátria ancestral de grande parte dos brasileiros, reservatório de imigrantes para o Brasil durante inúmeras gerações, Portugal, no imaginário brasileiro, é o pequeno país europeu de que o Brasil é uma réplica, com as naturais – porém percebidas como modestas – diferenças resultantes de suas origens índias e africanas. Projetando-se como herança lusa, ibérica e européia no continente americano, o que se acentua pela similaridade do idioma herdado, não atentam os brasileiros para as diferenças e sim para as similaridades. No entanto, tais projeções mostram-se inadequadas quando se trata de decisões estratégicas de internacionalização de empresas, podendo comprometer os resultados obtidos nesse processo. Embora os resultados do estudo não possam ser generalizados para além do caso estudado, acredita-se que maiores investigações sobre o tema permitam melhor entendimento do fenômeno da distância cultural e psicológica a mercados externos.

[20] Op.cit.

CAPÍTULO 5

USANDO A CULTURA COMO DIFERENCIAL COMPETITIVO: A CHURRASCARIA PLATAFORMA EM NOVA IORQUE

Hugo Gouveia de Freitas
Leticia Casotti
Maria Domenica Serpa Blundi

Nem sempre as diferenças culturais dificultam o processo de internacionalização. Muito ao contrário, podem, em alguns casos, propiciar o sucesso em mercados internacionais, como foi o caso da Churrascaria Plataforma em Nova Iorque. Este capítulo relata a entrada da empresa neste mercado, as motivações que levaram o empresário à internacionalização e o processo subseqüente. A empresa levou para o mercado americano uma nova maneira de servir, onde também estavam embutidos alguns aspectos do jeito de ser do brasileiro, ou seja, a intimidade entre funcionários e clientes, a descontração, o clima de "estar em família", enfim, a tendência dos brasileiros de personalizar as relações.

Para o levantamento do caso foram feitas entrevistas com o proprietário da empresa e sócio majoritário do empreendimento novaiorquino. Dados secundários foram obtidos através de reportagens na imprensa e pesquisas na Internet (no *Web Site* da empresa e de outras instituições).

A INTERNACIONALIZAÇÃO DA CHURRASCARIA PLATAFORMA

A Plataforma é uma churrascaria muito conhecida na cidade do Rio de Janeiro. Pode-se dizer que seu fundador, o senhor Alberico Campana, faz parte da história da cidade onde a churrascaria foi criada, já que estabeleceu um negócio de sucesso, não só do ponto de vista comercial, como também do ponto de vista do convívio social. A Churrascaria Plataforma foi incorporada nos hábitos da população carioca, passando a fazer parte do seu modo de vida.

Para entender melhor o que representa a Plataforma, é importante conhecer um pouco sobre a vida de seu fundador. Tudo começou com a chegada de Alberico Campana ao Brasil, em 1952, vindo de sua terra natal, a Itália. Na época, com vinte e três anos, sua principal motivação era buscar novas oportunidades e abrir um negócio próprio. Ao contar sua chegada ao país, Alberico confessou que o Brasil era completamente desconhecido para ele:

> *"Vim porque queria ter o meu próprio negócio. Na Itália me acharam muito imaturo para ser dono de restaurante... Eu já trabalhava na Itália. E pensava: 'vou mofar aqui'. Eu nunca ia conseguir juntar dinheiro, porque eu ajudava a minha família. Mas toda vez que eu trabalhava em algum lugar, eu me colocava no lugar do dono e achava que tinha mais condições que ele. Eu não tinha nenhum tipo de informação: o Brasil era totalmente desconhecido para mim. Eu vinha estudando espanhol, eu não sabia que no Brasil se falava português. Na metade da viagem, seis dias depois que tinha entrado no navio, alguém me disse que eu estava estudando errado."*

Ao chegar ao Brasil, Alberico Campana trabalhou como empregado de um restaurante por um ano, até conseguir abrir seu próprio negócio. Antes de abrir a Churrascaria Plataforma, teve várias experiências com bares e restaurantes, caracterizando-as como experiências de sucesso e de "alto astral". Finalmente, em

1979, Campana inaugurou a churrascaria. A Plataforma surgiu originalmente como uma casa de *shows*, com um restaurante anexo. A idéia da churrascaria foi conseqüência do fato de a cidade ter poucos negócios deste tipo, aparecendo como um mercado interessante e promissor para o empreendimento.

Logo após a sua criação, a Plataforma já era um verdadeiro sucesso. Além de ser freqüentada como restaurante, a casa virou um grande ponto de encontro entre amigos, o que aparecia como um grande elemento diferenciador do negócio.

> *"O caso da Plataforma foi um pouco isso, as pessoas começaram a se encontrar aqui. Aqui aos domingos vinham até duas mil pessoas, mil sentadas e mil em pé. Juntavam-se aqui, se encontravam. A pergunta, domingo à noite, era: 'Vamos aonde?', 'Vamos na Plataforma'. Metade dos clientes comia e a outra metade só vinha para bater papo. Esse era o clima gerado aqui."*

A primeira idéia de abrir uma churrascaria em Nova Iorque surgiu após uma homenagem feita ao compositor Tom Jobim, no *Lincoln Center*.

> *"Em 1995 foi feita uma homenagem para o Tom Jobim, no* Lincoln Center *em Nova Iorque. A gente saiu de lá à meia-noite e alguém disse 'vamos comer, vamos comer'; aí o Caetano Veloso disse, em tom de gozação 'vamos à Plataforma, lá está sempre aberto, não tem problema nenhum'. Estava junto um senhor, brasileiro, que tinha um restaurante na rua 46. No dia seguinte ele me ligou e disse: 'eu tenho um lugar para abrir a Plataforma aqui'. Eu respondi que não me interessava, não tinha interesse. Não vou a lugar nenhum, não gosto de lugar nenhum, a minha vida é aqui. Não vou nem para a minha terra que é a Itália. Então, não me interessou. Mas insistiram tanto, que o dono do imóvel, que era o dono do hotel, chegou até a me telefonar para dizer que era um bom negócio. Conclusão, foi dada a autorização."*

A sugestão de abertura de uma churrascaria em Nova Iorque partiu, portanto, de um brasileiro que já possuía um restaurante na cidade há cerca de quarenta anos. Apesar de Alberico Campana se mostrar bastante resistente no início, acabou cedendo às pressões, associando-se a estes brasileiros radicados em Nova Iorque.

Ir para Nova Iorque criou uma série de expectativas. Na verdade, Nova Iorque parecia ser um mito difícil de ser alcançado, por ser uma cidade que oferecia, na percepção de Alberico Campana, todo o tipo de produto e serviço para o consumidor. Como conquistar consumidores com acesso a tantas opções disponíveis para satisfazer suas necessidades?

"O que você vai levar para Nova Iorque? Quando você pensa em alguma coisa que não tem lá, tem cem. Nova Iorque é uma cidade dificílima de você ter uma idéia nova. Porque é a cidade onde tudo acontece e onde tem tudo. Tudo o que tem no mundo, está lá. Se não está lá, não está em lugar nenhum. E, confesso que fiquei um pouco preocupado, porque, o que eu ia fazer em Nova Iorque? Os melhores restaurantes do mundo estão lá, os melhores franceses, os melhores italianos, chineses.. tudo que é melhor, está lá. Todas as empresas que têm sucesso em outros lugares, a tendência é acabar em Nova Iorque."

De fato, esta preocupação ocupou uma boa parte do tempo de Alberico. A cidade apresentava-se como um lugar extremamente competitivo, onde qualquer tentativa de um novo negócio poderia ser encarada como uma incógnita. Aparentemente não faltava nada na cidade, as opções eram infinitas. Por isso, não foi fácil decidir o que levar para lá, o que oferecer e como oferecer. Finalmente, ele acabou optando por levar um pouquinho do "jeitinho brasileiro" e parece que este foi o grande diferencial do negócio.

"Então, a nossa idéia foi assim, vamos levar uma coisa super brasileira, porque não temos nada que possamos fazer melhor do que eles. Foi levado ao pé da letra. Levamos vinte e cinco rapazes brasileiros, nenhum deles falava inglês. Trei-

namos eles aqui. Eram todos do Sul, lá eles são todos especialistas em churrasco. Estudamos um pouco o mercado, abrimos uma casa chamada Plataforma Rodízio Brasil. Colocamos um conjunto de músicos brasileiros, com cantora brasileira, cantando somente música brasileira. Agora, quer ver a surpresa? Foi um sucesso quase que imediato. E sabe por quê? Porque levamos alguma coisa nova: serviço".

A estratégia da empresa foi a de privilegiar o serviço, levando para Nova Iorque o jeito brasileiro de servir. De acordo com o depoimento de Alberico Campana, o serviço tornou-se o grande chamariz da casa, sendo o responsável pela conquista e presença dos clientes na Plataforma de Nova Iorque.

"Os americanos são todos quadrados, exatos, não existe exceção à regra, o garçom é rígido. Isto é da formação de cada funcionário de restaurante americano: 'eu estou aqui para botar o prato na sua frente'. Não é assim que pensa o garçom brasileiro, ele se torna amigo do cliente, confidente do cliente, a diferença é esta. O garçom americano não se torna amigo do cliente nunca, certo? Ele está lá para lhe servir, lá fora nem sabe quem você é. Aqui não, aqui o graçom se torna confidente, conta história, bebe umas gotinhas, conta os problemas da família dele. Isso foi levado para lá e foi aceito maravilhosamente pelos americanos, tanto é que o primeiro elogio que nós tivemos não foi pela comida, foi pelo serviço".

Alberico Campana percebeu, portanto, que havia levado um negócio diferente para Nova Iorque. A Plataforma inovava no jeito, oferecendo um certo modo de ser para seus clientes, diferente do que estavam acostumados. Segundo o empresário, até o jeito de servir a carne no espeto tornou-se um diferencial da casa. Os americanos não estavam acostumados com o churrasco rodízio, o que acabou atraindo a atenção de quem freqüentava o lugar, como se estivessem diante de um espetáculo. O empresário soube valorizar esta particularidade, percebendo que aquilo era um talento e que, por isso mesmo, deveria ser estimulado em seu negócio.

"Percebi que aquilo era um talento, o movimento que o garçom faz com o espeto na mão, ele roda sempre no mesmo sentido, vai e vem com o espeto e levanta aqueles pratos com o maior sorriso do mundo, com a maior alegria, coisa que não tem em qualquer lugar. Isso foi percebido já nos primeiros dias. Depois de um mês abertos ganhamos uma nota importantíssima sobre o serviço... Levamos apenas coisas brasileiríssimas, o pensamento do Brasil. Andamos procurando até certo tipo de utensílio que se parecesse mais com as nossas coisas do que com a deles. Deu tudo certinho, perfeito. A casa foi toda decorada com o pensamento brasileiro".

Este diferencial foi enfatizado em todo o depoimento do dono da Plataforma. Na verdade, antes de vender carne de churrasco, Alberico vendeu o "jeito de ser brasileiro", junto com uma nova forma de encarar as relações sociais, onde a amizade e a interação entre as pessoas apareciam em primeiro plano. Foi exatamente pelo fato de os americanos atuarem a partir de uma outra lógica em suas relações, que acabaram sendo conquistados e surpreendidos por este diferencial. O que Alberico fez foi valorizar as peculiaridades culturais brasileiras, esta "forma de ser", mostrando o lado positivo do jeitinho brasileiro. De fato, no caso da Plataforma, a cultura brasileira foi a grande viabilizadora do sucesso da casa.

A partir do momento em que isto foi ficando cada vez mais claro para o empresário, a estratégia de *marketing* adotada consistiu em reforçar os aspectos brasileiros, tanto na *marca* – o nome era Plataforma Rodízio Brasil – quanto no *produto*. Nas opções do cardápio, Alberico introduziu comidas típicas brasileiras, como por exemplo, o aipim, a farofa de ovo, o feijão preto e o pão de queijo. Estas comidas foram tão aceitas que algumas lojas começaram a importar certos produtos para atender à churrascaria (a farinha para fazer a farofa e o queijo minas para fazer o pão de queijo). Reforçando a idéia de investir em comidas típicas brasileiras, o empresário não se limitou ao churrasco, oferecendo também moqueca de peixe, feijão carreteiro e outros pratos típicos brasileiros. Pode-se dizer, portanto, que a estratégia de *marketing* adotada aqui foi a da *padronização*, uma vez que os aspectos originais dos produtos foram mantidos e, até mesmo, reforçados no negócio.

O único item que não permaneceu o mesmo foi o *preço*. Para manter as características do sistema rodízio, o preço para o americano teve que ser bem mais alto, já que o custo da carne e da mão-de-obra era bem mais caro nos Estados Unidos. Outra adaptação que teve que ser feita no processo de internacionalização da Plataforma diz respeito à criação de uma central de reservas. Em seu relato, Alberico Campana indicou ser tal mudança necessária, por ser o americano mais organizado com os horários, valorizando este aspecto em seu comportamento.

Através do relato deste caso é possível verificar que o sucesso da Plataforma no exterior foi conseqüência da padronização de certas especificidades da cultura brasileira. De certa forma, este é um dado novo para se pensar o processo de internacionalização das empresas nacionais.

LIÇÕES EXTRAÍDAS DO CASO DA CHURRASCARIA PLATAFORMA

O que é ser brasileiro? Afinal, que cultura é essa? Como ela opera?

De certo modo, parece ser um consenso entre os autores o fato de sermos uma cultura que se baseia em uma lógica relacional. Ou seja, quando o dono da Plataforma identifica que o sucesso do seu negócio está ligado ao fato de que o empreendimento caracterizou-se pela interação pessoal, pelo clima de amizade entre os garçons e os clientes e pelas conversas entre conhecidos, ele está enfatizando este lado de nossa cultura.

E o que significa operar as relações sociais através de uma lógica relacional? De acordo com o antropólogo Roberto Da Matta (1983), no Brasil o que impera é a lógica das relações pessoais, em detrimento de uma lógica pautada por regras e leis impessoais. Ou seja, ao nos relacionarmos com o outro, privilegiamos a noção de pessoa e não a noção de indivíduo[1], e por ela nos guiamos. A noção de pessoa implica em intimidade, onde a interação com o outro baseia-se em seus aspectos pessoais e familiares. Neste sentido, ao nos relacionarmos, aproximamo-nos do outro, identificamo-nos com ele, interagimos de fato. Já a noção de indivíduo é pautada pelo desconhecido. O espaço social do indivíduo não é diferenciado, mas comum a todos os outros indivíduos. Neste caso, a relação torna-se menos familiar e a interação é mais superficial, não se dá completamente. A partir daí, pode-se dizer que a noção de indivíduo faz parte de um espaço social público, onde as regras e normas sociais são iguais para todos. Já a noção de pessoa carrega consigo os interesses privados, onde cada um diferencia-se do outro por suas características pessoais, opiniões e histórias de vida. Com isso, se, por um lado, a noção de pessoa contribui para uma maior interação social, ao mesmo tempo ela verticaliza as relações, hierarquizando-as. E isso acontece exatamente porque as diferenças pessoais são enfatizadas na relação.

Esta peculiaridade de nossa cultura – de privilegiar a *noção de pessoa*, tornando-nos uma sociedade relacional – foi utilizada por alguns cientistas sociais para explicar, ou justificar, certos problemas de nossa sociedade. O fato de sermos uma sociedade relacional teria contribuído para uma menor racionalização de nossas relações, já que valorizamos as qualidades pessoais e subjetivas. Esta lógica teria colaborado para que a sociedade brasileira criasse soluções para seus problemas através do chamado "jeitinho brasileiro"[2]. Ou seja, em vez de se pautar pelas normas e regras sociais, teoricamente válidas para todos os indivíduos, o

---

[1] Para maiores detalhes sobre estes conceitos, ver: Da Matta, R. *Carnavais, malandros e heróis*. Rio de Janeiro, Zahar, 1983; e Da Matta, R. *A casa e a rua*. Rio de Janeiro, Guanabara Koogan, 1991.

[2] Sobre esta questão, ver: Barbosa, L. *O jeitinho brasileiro*. Rio de Janeiro, Campus, 1992.

brasileiro teria criado uma forma *personalizada* de resolver seus problemas e conflitos.

Por outro lado, as peculiaridades brasileiras – principalmente no que diz respeito aos seus aspectos culturais – nem sempre são vistas como viabilizadoras da entrada do país no mercado internacional[3]. Preocupados em explicar o baixo grau da internacionalização das empresas brasileiras, estas especificidades foram trazidas à tona por alguns estudiosos[4] com o objetivo de esclarecer a falta de interesse ou de motivação dos empresários em internacionalizar o seu negócio, ou ainda para justificar as dificuldades enfrentadas pelas empresas ao irem para o exterior.

O processo de internacionalização da Plataforma contribuiu para uma nova reflexão: até que ponto devemos encarar nossos referenciais e valores simbólicos como empecilhos para um bom desempenho no mercado exterior? A idéia é mostrar que as diferenças culturais podem ser encaradas como caminho legítimo a ser trilhado, quando um empresário está pensando em internacionalizar o seu negócio. Neste sentido, esta forma particular, própria do brasileiro, de se relacionar e se colocar diante do outro pode vir a ser um interessante trunfo enquanto estratégia a ser seguida.

Na verdade, várias características que comumente são relacionadas à falta de postura profissional e à imagem negativa do "jeitinho brasileiro" foram utilizadas de maneira positiva e frutífera no caso da Plataforma. Em primeiro lugar, o processo de internacionalização foi totalmente personalizado, uma vez que o dono da Plataforma utilizou uma pessoa conhecida (o dono do restaurante que lhe fez a proposta) para viabilizar o início do negócio.

Outra característica muito enfatizada no depoimento do dono da Plataforma foi a questão da padronização do serviço. De fato a empresa levou para Nova Iorque uma nova maneira de servir, na qual

---

[3] Ver capítulo 6.

[4] Ver capítulos 1 e 6.

também estavam embutidos alguns aspectos do conhecido jeito de ser do brasileiro. Ou seja, a intimidade entre funcionários e clientes, a descontração, o clima de "estamos em família", enfim, a tendência dos brasileiros de personalizar as relações, antes de aparecer como falta de profissionalismo e incompetência, tornou-se o grande diferencial deste empreendimento no exterior. Este dado serve para, no mínimo, repensarmos os atuais questionamentos sobre os modos de entrada das empresas brasileiras no mercado internacional cabendo, inclusive, a seguinte pergunta: os empresários brasileiros estão sabendo, de fato, aproveitar e valorizar as nossas características nas suas estratégias de *marketing*?

Muitas vezes, a identidade de um País pode ser expressa por um item de sua comida como o *curry* na Índia. Em outras situações, como a comida italiana ou francesa, os ingredientes são ultrapassados pelo destaque da forma de preparo. A comida parece ser um bom caminho para se pensar globalmente. A mídia já tem oferecido amostras dessa proposta com slogans como "Uma volta ao mundo em oitenta pratos", "Coma da sua maneira viajando pelo mundo", "O mundo em um prato", dentre outros. A comida tem sido constantemente usada como um exemplo bem sucedido e ao mesmo tempo complexo do processo de globalização de empresas. A diversidade étnica e de subculturas no Brasil pode dificultar a identidade nacional da cozinha. No entanto, a característica relacional, se bem compreendida e corretamente explorada, pode representar um diferencial para a empresa prestadora de serviços, internamente, ou em seu processo de internacionalização.

CAPÍTULO 6

O MEDO DO ESTRANGEIRO: FRANQUIA, ETNOCENTRISMO E ALTERIDADE

Maria Domenica Serpa Blundi
Everardo Rocha

Uma das questões mais discutidas na literatura sobre internacionalização de empresas é a que se refere aos motivos pelos quais as empresas ingressam em mercados externos. No entanto, os estudos existentes, em sua maioria, negligenciam uma questão não menos relevante: porque muitas empresas jamais se internacionalizam.

O trabalho apresentado neste capítulo busca identificar o peso da dimensão cultural e simbólica contida na percepção da alteridade, a partir da relação dos executivos com o mundo exterior. Essa percepção pode assumir ares de familiaridade que aproxima, ou de estranheza que limita. Assim, a internacionalização, como alternativa empresarial, pode ser determinada, em grande parte, por razões de ordem simbólica, as quais definem um outro tipo de proximidade, que não é só geográfica ou logística.

Utilizamos o método etnográfico, para entender como pensam os franqueadores brasileiros sobre a internacionalização, a distância cultural e a alteridade. O universo da franquia, marcado por uma rede peculiar de relacionamentos, é um *locus* de pesquisa particularmente adequado para se explorar a questão de que se ocupou o presente estudo.

FRANQUIA E A RELAÇÃO ENTRE FRANQUEADOR E FRANQUEADO

Para entendermos o conceito de franquia, basta imaginarmos a seguinte situação: de um lado, uma empresa possuidora de *know-how* (de produção ou de distribuição de determinado produto ou serviço) e de uma marca conceituada, querendo se expandir e conquistar um maior espaço no mercado; de outro, alguém (pessoa física ou jurídica) com capital disponível, interessado em investi-lo estabelecendo um negócio, cujo retorno seja razoavelmente garantido. Nesse sentido, a franquia pode ser vista como uma alternativa de crescimento para o primeiro (o franqueador), uma vez que lhe serve de canal de distribuição de seus produtos, viabilizada pela iniciativa do segundo (o franqueado) de implantar o seu negócio.

Antes do mais, a franquia é uma relação entre dois lados, com interesses complementares. Essa relação se destaca por apresentar uma dependência intensa, principalmente por parte do franqueado, que espera do franqueador um bom negócio, um bom nível de serviços e, acima de tudo, uma orientação que minimize a sua falta de habilidade nas situações mais problemáticas. O franqueador poderia ser comparado a um "pai", a um parente mais velho, àquela pessoa que cuida e que zela pelo bom andamento das coisas.

Para isso, o franqueador deve-se estruturar para poder ensinar ao franqueado o segredo de seu sucesso. Por outro lado, ao fornecer seu conhecimento e apoio, o franqueador espera do franqueado total lealdade, confiança, dedicação e – por que não? – admiração. Além de "vestir a camisa" do empreendimento, o franqueado deve estar disposto a cumprir normas e regras impostas pelo franqueador, sob pena de fracassar e de não alcançar os objetivos esperados. Desse modo, a franquia pode ser vista como uma parceria, onde ambos os lados procuram investir numa relação de confiança mútua, já que o sucesso do negócio depende, essencialmente, da transparência e da fluência de comunicação entre eles. Apesar de terem responsabilidades distintas, franqueador e franqueado trabalham por um resultado comum e satisfatório para ambos. Um depende do desempenho do outro, estando, portanto, interligados.

Entretanto, é interessante observar que essa parceria se desenvolve entre momentos de harmonia e de conflito. Por ser o dono da marca e o principal responsável pelo negócio desde o seu início, o franqueador detém maior poder nessa relação, uma vez que o papel do franqueado é o de corresponder às suas expectativas. O franqueador dita as regras e cabe ao franqueado cumpri-las. Embora as decisões sejam tomadas com base em negociações e muita conversa, este está, desde o início, na posição de aprendiz, de menos experiente, estabelecendo-se aí uma estrutura hierarquizada.

Isso se dá em comum acordo e faz parte da relação. Franqueador e franqueado estão "juntos no mesmo barco" e, por isso mesmo, espera-se que aceitem tais prerrogativas. Na verdade, essa hierarquia está mais para uma relação entre pai e filho, do que para a de patrão e empregado. Como já foi dito, o franqueador desempenha o papel de conselheiro, de companheiro, de orientador. Cabe a ele ter a paciência necessária para ouvir e ensinar: "É necessária muita paciência do franqueador, principalmente no início da implantação, quando os primeiros franqueados sentem-se totalmente dependentes do franqueador".[1]

Embora essa seja a situação esperada, na prática a relação entre os dois lados nem sempre caminha de maneira harmônica. Quando franqueador e franqueado começam a disputar lugar na tomada de decisões, o sucesso do negócio começa a ficar ameaçado. Essa relação tem sido freqüentemente comparada à de um

---

[1] Mauro, P. C. *Guia do franqueado*: como crescer através do *franchising*. São Paulo: Nobel, 1994, p.60.

casamento, ou, até mesmo, à "união de um sultão e seu harém". Mais ainda,

> *"...à medida que as redes crescem, seus donos se dão conta de que não têm à frente uma porção de distribuidores de produtos, fiéis executores de suas ordens. Eles percebem que se casaram inúmeras vezes e que têm parceiros, muitos, aliás, que querem participar das decisões que digam respeito à condução do negócio como se fossem sócios."*[2]

Reclamação comum entre os franqueados é a de que só recebem orientação no início do negócio, ficando, daí em diante, sem nenhum apoio efetivo. Já os franqueadores reclamam do excesso de paternalismo e da incapacidade dos franqueados de "caminharem com as próprias pernas".

Por isso, um dos elementos fundamentais para que a franquia funcione a contento é a fluência de comunicação e a transparência na relação. Se considerarmos que franqueador e franqueado formam um sistema, onde os interesses, os objetivos e o próprio funcionamento deste são complementares, podemos falar de interação, em que as partes formam uma totalidade, cuja garantia se baseia na troca de informações, de idéias, de percepções. A comunicação torna-se fator primordial para que a interação entre franqueador e franqueado se concretize. É através dela que o franqueador recebe as críticas e sugestões do franqueado, toma consciência das dificuldades do negócio e auxilia o franqueado no que for possível. É através dela que o franqueado recebe as orientações do franqueador, verifica as mudanças a serem feitas no negócio, implementa as novidades sugeridas. E é também, através da comunicação, que o conflito e as diferenças entre os dois lados podem ser minimizados e resolvidos. Para que isso aconteça, é preciso que franqueador e franqueado compartilhem os mesmos referenciais. Ou não?

---

[2] Crise conjugal das mais barulhentas. *Exame*, 24 (9), 1992, p.70.

Como vimos, a franquia pressupõe alguém (uma empresa) interessado em fornecer seu conhecimento e a sua marca a outro. Nesse sentido, a figura do "outro" é o elemento que possibilita o negócio, que concretiza a franquia. Vimos também que este "outro" deve ser alguém disposto a se adaptar a normas e padrões impostos pelo franqueador e que deseje ser dirigido e orientado por este.

No sistema de franquia, a figura do "outro" é particularmente importante por ser ele o receptor de uma marca, de uma identidade que não lhe é própria, que lhe é cedida, que lhe é fornecida. O franqueado adquire, desse modo, uma identidade que não é a sua, que não lhe pertence originalmente. Isso torna-se ainda mais significativo a partir do fato de que essa cessão é feita contratualmente, mediante um pagamento (taxa de franquia), ou seja, além de o franqueado adquirir uma identidade que não é a sua, ele o faz através de um contrato, que o legitima como portador dessa identidade. Outra característica importante dessa relação é a exigência, por parte do franqueador, de sigilo absoluto em relação às informações prestadas ao franqueado. Um dos requisitos necessários para o estabelecimento da franquia é a "não divulgação a terceiros do *know-how* e dos segredos do negócio transmitidos pelo franqueador, durante ou após a cessação do contrato de franquia" [3].

Além de confiar ao franqueado a sua marca e a sua identidade, o franqueador lhe confia seus segredos, algo que é oculto para todos os demais. Sob esse ponto de vista, o franqueado possui uma posição significativa nessa relação: guarda e vigia os segredos, além de ser simbólico e emblemático, uma vez que carrega consigo a marca, a imagem e o *know-how* do franqueador.

Se considerarmos que a marca é o conjunto de caracteres visuais que confere a quem a possui uma identidade visual e uma personalidade próprias, podemos dizer que o franqueado assume

---

3 ABF – Associação Brasileira de Franchising. *Franchising: código de auto-regulamentação.* São Paulo: ABF /s.d/., p.5.

as características que tornam o franqueador conhecido. Ele assume uma nova personalidade, uma nova maneira de se mostrar para o mundo, em suma, uma nova identidade.

Utilizando a definição sociológica (e antropológica) de "identidade", vemos que ela é construída, mantida e transformada socialmente. As identidades são construídas através das relações sociais, não são preexistentes ao indivíduo. Só há identidade quando há interação, quando há sociedade[4]. A "matéria-prima" que a constitui são os valores, as crenças, as representações coletivas, as experiências vividas pelo indivíduo no contexto social em que está inserido. Desse modo, o franqueado passa a ter contato com os referenciais sociais e culturais do franqueador. Ele passa a experimentar seus valores, as suas crenças, a sua maneira de pensar e lidar com o mundo, assimilando e interpretando-os através dos seus próprios referenciais. Concretiza-se, portanto, a interação entre franqueador e franqueado.

A FRANQUIA E A QUESTÃO DO ETNOCENTRISMO

Após essas reflexões acerca da relação entre franqueador e franqueado, da proximidade entre eles e do nível de comunicação que essa relação exige, podemos colocar as seguintes questões: Até que ponto o "outro" (franqueado) deve estar próximo? Até que ponto o outro deve ser um "igual"? Ao se relacionar com o franqueador, o franqueado deve compartilhar da mesma cultura, da mesma língua, dos mesmos valores, em suma, dos mesmos referenciais? Como seria essa relação entre indivíduos de países diferentes?

Para investigar tais questões, foram realizadas dez entrevistas em profundidade com empresas franqueadoras de um grande centro urbano do País, sobre a possibilidade de abrirem franquias

---

[4] Berger, P. E Luchmann, T. *Construção social da realidade:* tratado de sociologia do conhecimento. Petrópolis: Vozes, 1973.

no exterior. Procuramos, através destas entrevistas, verificar até que ponto a diferença cultural influenciaria a decisão de executivos brasileiros de levar sua marca para outros países, identificando os preconceitos projetados no estrangeiro, analisando o etnocentrismo através da construção da imagem do "outro" e de que forma esses elementos afetam a entrada nesses mercados.

A franquia tornou-se um ponto de partida interessante para pensarmos este tema, exatamente por exigir um formato de negócio muito específico, definindo um padrão a ser seguido. De acordo com o livro *The Complete Handbook of Franchising*[5], "a essência e a orientação do *franchising* – fatores que o diferenciam de outros tipos de negócio – podem ser expressos em uma única e específica palavra: Sistema... *Sistema significa disciplina, estrutura e padronização*"[6].

Um dos pré-requisitos fundamentais para o sucesso do negócio de franquia baseia-se em uma estrutura bem definida, com regras a serem cumpridas, fundamentada na padronização de preços, produtos e serviços.

Refletindo sobre o tema aqui proposto, quando o franqueador pretende direcionar o seu negócio para o mercado externo – levando-se em consideração a especificidade mencionada anteriormente – a relação com o "outro" e com a diferença adquire maior importância no que diz respeito à sua viabilidade, ou seja, como adaptar o seu padrão ao mundo do "outro"? Como lidar com as diferenças dentro de um negócio pré-formatado, com regras predefinidas?

Podemos dizer, então, que estudar a internacionalização de franquias, a partir do ponto de vista do franqueador, permite investigar o nível de flexibilidade e de adaptabilidade do executivo

---

[5] Seltz, D. *The complete handbook of franchising.* Reading: Addison-Wesley, 1982.

[6] O grifo é nosso.

brasileiro diante do mundo exterior. Como o executivo brasileiro se coloca em relação às diferenças que serão encontradas neste outro mundo, caso ele venha a se internacionalizar? Será, portanto, através da definição do conceito de cultura que iniciaremos a análise aqui proposta.

Não é de hoje que a variável cultura tem sido considerada no que diz respeito à decisão de se internacionalizar. Como observaram Leite, Rocha e Figueiredo, "as diferenças culturais podem afetar as operações de negócios internacionais, já que o *bias* cultural é um risco constante na transmissão de idéias e no processo de decisão gerencial".[7]

Para entendermos um pouco melhor a importância dessa variável e qual a dimensão de seu significado e influência nas relações humanas, devemos recorrer à "disciplina-mãe" deste conceito, a Antropologia.

A Antropologia buscou, incessantemente, a definição de cultura, para entender e falar das diferenças entre os homens. A cultura seria o resultado da capacidade de os seres humanos darem significado às coisas do seu mundo, da realidade à sua volta. Falar sobre cultura é falar da condição humana de se situar no mundo, de criar referenciais. É possível, a partir daí, imaginar a cultura como um sistema de códigos, como uma gramática, ou seja, algo que vem antes do próprio vocabulário, que o gera, que o constitui e que estabelece regras entre os seus elementos. A tarefa do antropólogo seria a de decifrar esses códigos, procurando "ler" aquele sistema de classificações como um texto, repleto de significados e de regras a serem descobertos e desvendados.

Essa capacidade de criar significados é adquirida e não inerente aos homens. Ao nascermos, não estamos prontos para clas-

[7] Leite, H.M.B.; Rocha, A. e Figueiredo, K.F. A percepção cultural e a decisão de exportar. In: Rocha, A. (org). *Gerência de exportação no Brasil.* São Paulo: Atlas; Rio de Janeiro, UFRJ, 1988.

sificar o mundo, mas para aprender a fazê-lo. Diferentemente de outros animais, os seres humanos precisam do convívio social para aprenderem a se comunicar, por exemplo.

Melhor dizendo: não somos geneticamente determinados a comer com talheres, ou a jogar o lixo dentro de um cesto, ou ainda a temperar e assar a carne antes de comê-la. Aprendemos a fazer tudo isso através de nossas relações sociais, através do convívio com o grupo social do qual fazemos parte.

Outra característica dessa capacidade é classificarmos o mundo através de símbolos. Estes são, por assim dizer, a parte essencial de nossa rede de classificação e, por conseguinte, de comunicação. A particularidade que encontramos aqui é a de que os nossos símbolos são socialmente programados, dependem de convenções estabelecidas entre os indivíduos que constituem o grupo[8]. Além disso, os símbolos possuem outra característica que terá grande importância ao falarmos de diversidade cultural: eles são *eminentemente transformáveis*. As sociedades humanas estão aptas a (re)inventar as suas próprias convenções e, com isso, atribui-se uma gama infinita de possibilidades, configurando-se das mais diversas maneiras. Cabe ao antropólogo decifrar os diversos sistemas de classificação disponíveis.

Chegamos, portanto, a um importante elemento desta discussão: a noção de alteridade. Ao reconhecermos que a sociedade humana é plural, não é única e apresenta-se através da multiplicidade, abre-se a possibilidade de reconhecermos, ao mesmo tempo, que não estamos sozinhos no mundo, que existe um outro, que existe "um diferente de mim". "Não existe rigorosamente A Cultura, que é apenas um conceito totalizador, um artifício de raciocínio; mas miríades de culturas, correspondentes à multiplicidade dos grupos humanos e a seus momentos históricos" [9].

---

[8] Rodrigues, José Carlos. *Antropologia e comunicação*: princípios radicais. Rio de Janeiro: Espaço e Tempo, 1989, p.31.

[9] Ibidem, p. 132.

Entretanto, a tendência que encontramos ao observar o mundo é a de que todo grupo social centra em si a sua própria verdade, sobre a realidade que o cerca. A partir daí, constrói seus referenciais culturais – valores, crenças, leis, moral, costumes – através dos quais se relacionará com o mundo a sua volta. Deparamo-nos, pois, com o etnocentrismo, definido como

> *"uma visão do mundo onde o nosso próprio grupo é tomado como centro de tudo e todos os outros são pensados e sentidos através de nossos valores, nossos modelos, nossas definições do que é a existência. No plano intelectual, pode ser visto como a dificuldade de pensarmos a diferença; no plano afetivo, como sentimentos de estranheza, medo, hostilidade."*[10]

Aqui encontramos uma das principais tarefas da Antropologia, que se constitui em mostrar que "a diferença é uma forma pela qual os seres humanos deram soluções diversas a limites existenciais comuns"[11], ou seja, a Antropologia trabalha no sentido de mostrar que as diferenças, o "outro", devem ser encaradas não como uma ameaça, ou como uma negação do "eu", mas como uma alternativa de lidar com o mundo, tão válida quanto a minha ou a de quaisquer outros. Ela procura, como disciplina acadêmica, "desconstruir" a visão etnocêntrica do mundo, propondo uma visão relativizadora da realidade.

Entretanto, se, por um lado, o etnocentrismo fundamenta-se nessa visão limitadora de lidar com o mundo, reduzindo-se a um único ponto de vista a partir do qual a verdade é construída, por outro, sem ele, dificilmente qualquer grupo social existiria enquanto tal. Isso significa dizer que o etnocentrismo pode ser visto, também, como precondição para que o grupo construa a sua própria identidade e reconheça-se a partir daí. Poderíamos ir mais longe e dizer que o etnocentrismo é necessário como recurso, para

---

[10] Rocha, E. *O que é etnocentrismo.* São Paulo: Brasiliense, 1984, p.7.

[11] Ibidem, p.21.

que as sociedades criem seus próprios referenciais e, através deles, possam se situar no mundo. Para complementar esta idéia, Rodrigues coloca que

> "...*todos os homens vêem o mundo etnocentricamente, isto é, através das lentes de uma cultura específica, das lentes de* sua *cultura. Sem essas lentes somos inevitavelmente cegos, pois o etnocentrismo é o ponto de vista no qual nossa cultura nos coloca e a partir do qual são possíveis os nossos pensamentos, comportamentos e sentimentos. Poder-se-ia dizer, de certa forma, que compartilhar uma cultura é ser solidário na mesma visão etnocêntrica*".[12]

A PESQUISA

A questão de que se ocupa essa pesquisa é, então, a análise das formas pelas quais empresários e executivos brasileiros – representados aqui pela figura do franqueador – percebem a "distância"[13] cultural entre o Brasil e os mercados internacionais.

Esta análise é feita através do método etnográfico, metodologia tradicionalmente utilizada pela Antropologia, em que se pretende captar o discurso dos informantes dentro de um contexto social e cultural determinado. O pesquisador procura "ler" esse discurso, examinando os elementos simbólicos nele contidos. A partir daí, busca descrever o sistema de classificação através do qual seus informantes interpretam o mundo em que vivem.

O estudo aqui apresentado pretende examinar a percepção de barreiras e facilidades que os diversos mercados internacionais apresentam para os executivos entrevistados.

---

[12] Op.cit., p. 145.

[13] Seria antropologicamente mais correto, falando-se de cultura, se substituíssemos a palavra *distância* por *diferença*, uma vez que a primeira apresenta uma noção de "medida", denotando um juízo de valor que a Antropologia pretende relativizar. Daí as aspas.

O grupo social objeto desta investigação é composto por dez franqueadores selecionados em um grande centro urbano. Em primeiro lugar, todos foram contatados por telefone, quando foram informados sobre o objetivo da pesquisa e solicitados a marcarem um encontro pessoal para serem entrevistados. As entrevistas foram feitas através de roteiro de perguntas abertas. Cada conversa teve, em média, uma hora de duração e as entrevistas foram gravadas e depois transcritas. Os entrevistados marcaram o encontro no próprio local de trabalho, durante o horário comercial, o que contribuiu para que as entrevistas fossem interrompidas em alguns momentos. Em dois casos, a entrevista foi feita em uma loja, junto ao movimento de clientes e funcionários.

Em relação ao universo dos entrevistados, todos eram homens, com idade variando entre 30 e 48 anos, dividindo-se entre os seguintes cargos: quatro proprietários, um sócio proprietário, um diretor de *marketing*, um diretor de franquias, um diretor de *franchising*, um gerente de *franchising* e um gerente de franquias. No que diz respeito à formação acadêmica de cada um, três eram formados em administração, dois em direito, um em economia, um em engenharia e três não possuíam curso superior.

Nenhuma das empresas entrevistadas tinha alguma franquia no exterior. Na verdade, o interesse da pesquisa remete-se ao imaginário daqueles empresários, procurando examinar seus valores, opiniões e idéias frente à questão específica de "como seria se relacionar com o mundo exterior", sem haver a necessidade de uma experiência efetiva e concreta. Para isso, o roteiro da entrevista foi elaborado de maneira a captar tanto a dimensão empresarial e comercial dessa questão, como também a dimensão pessoal. O objetivo, como já observado, foi identificar algum nível de proximidade do entrevistado com o mundo internacional, mesmo que apenas no plano das idéias.

Nesse sentido, foram feitas perguntas relativas à origem do executivo e da sua família, ao seu domínio de idiomas, à sua experiência em viagens e à sua curiosidade sobre assuntos referentes a outros países. A história de vida desses executivos e as suas passagens afetivas são importantes por guardarem referenciais formadores de valores e opiniões, através dos quais essas pessoas classificam o mundo e, a partir daí, lidam com ele. São esses aspectos que nos interessam ao analisarmos o discurso desses executivos.

A DECISÃO DE SE INTERNACIONALIZAR: PERCEPÇÕES SIMBÓLICAS

O empresário brasileiro e a baixa auto-estima

Uma das principais características, comum a todos estes executivos, é nunca terem pensado em ir com a sua empresa para o exterior, seja através de franquias ou de lojas próprias. Alguns até foram procurados por estrangeiros interessados em investir e levar o negócio para outros países, mas não chegaram a concretizar as propostas. É como se a decisão de se internacionalizar envolvesse aspectos desconhecidos e ameaçadores, difíceis de serem controlados.

Aqui, a problemática em torno da *noção de alteridade* colocada anteriormente torna-se esclarecedora para analisarmos as dificuldades apresentadas por esses executivos quanto à decisão de irem para mercados externos. Ao falarem das diferenças entre o Brasil e os outros países, o foco direciona-se para as características que faltam ao Brasil, em vez de enfatizar os elementos brasileiros que não estão presentes em outros países.

Por exemplo, um aspecto bastante presente nas entrevistas foi a "sensação de incapacidade" dos executivos. O mundo exterior, além de ser o mundo do "outro", foi apresentado como o mundo do "outro mais experiente", onde as empresas brasileiras dificilmente conseguiriam sobreviver se não estivessem muito bem preparadas.

O estranhamento em relação à diferença apareceu acompanhado de uma baixa auto-estima. Todos os entrevistados, ao falarem de sua condição de brasileiros, colocavam-na como justificativa para o seu despreparo e incapacidade como empresários. Ser brasileiro, do ponto de vista profissional seria, portanto, uma prerrogativa para que o negócio no exterior não tivesse sucesso ou, pelo menos, enfrentasse dificuldades. É como se aspectos da nossa cultura, da "brasilidade" não fossem compatíveis com a seriedade, a profissionalização e a competência. Isso pôde ser depreendido com claréza em alguns depoimentos:

> *"Ao ir para fora, você encontra barreiras. Primeiro, porque você é brasileiro, já sofre um pouquinho. E, quando você começa a falar de negócios, eles sempre nos vêem, mas não com seriedade."*

> *"O Brasil é um país fraco em termos de qualidade. Temos indústrias com tecnologia boa, mas isto para mim é um pequeno segmento: a grande maioria aqui são indústrias que produzem produtos que não são de primeira qualidade e que não têm como competir com os produtos europeus e americanos."*

Ou ainda, ao falarem da imagem que o Brasil tem no exterior:

> *"Eu, sinceramente, vou te dizer uma coisa, eu acho que o Brasil, infelizmente, tem uma imagem muito ruim lá fora. Eu acho que o Brasil não trabalha muito bem a sua imagem no exterior (...). O Brasil parou no tempo e no espaço."*

> *"Uma das principais barreiras em relação ao exterior é o descrédito que eles têm em relação ao Brasil, nós não somos acreditados e por motivos óbvios."*

> *"Em muitos países, lá fora, o Brasil não é visto como um país sério. O brasileiro sempre tem aquela 'Lei de Gérson', se quiser passar o outro para trás ,ele passa, essas coisas feias.... eu acho que lá fora isso já chegou aos ouvidos de muita gente. A não ser que seja uma grande indústria, já com um certo nome... Mas você fazer uma empresa pequena ou média e ten-*

tar uma parceria lá fora, eu acho que ele teria que provar muito bem que é sério, que o produto dele é de qualidade e que o preço dele é bom."

Esses são depoimentos que mostram que a resistência desses executivos em levar a sua franquia para o exterior está bastante ligada ao medo de não corresponderem às expectativas daquela sociedade específica, de não serem aceitos. Nenhum deles pensou, por exemplo, no que poderiam contribuir, qual especificidade nossa poderiam levar, ou o que poderia se tornar um atrativo aos olhos desta outra realidade. Ao contrário, ao pensarem no outro, na diferença, o que vem à tona são as suas próprias incapacidades, são os seus "defeitos":

"A imagem que o Brasil tem lá fora é péssima! Das empresas e do brasileiro em geral. Brasileiro não cumpre prazo, entendeu? Eles têm uma imagem muito fraca a nosso respeito."

Um dos entrevistados chama a atenção para o fato de ser mais fácil ter sucesso no Brasil já que, de acordo com ele, temos uma cultura mais "relaxada" e menos exigente:

"Aqui no Brasil, qualquer espeluncazinha que você abre, qualquer negocinho assim, pequenininho, tem uma chance maior de ir para frente, até porque eu acho que o brasileiro não é muito exigente, tanto assim que existem vários comércios pequenos, bares, botequins, lojinhas que são sujas, são feias, e elas continuam tendo freqüência. Ao passo que, se você está lá fora, você nunca conseguiria sobreviver se não tivesse um comércio que não fosse completamente limpo, completamente arrumado e que não fosse de primeira qualidade (...). Aqui no Brasil, você abre qualquer coisa, qualquer 'pé sujo', você já está ganhando dinheiro. Então é mais fácil. Lá fora, a qualidade do comércio, a exigência das pessoas é muito maior. Então é mais difícil."

É interessante lembrar que estamos trabalhando com o imaginário desses executivos. Não importa se a imagem do brasileiro não profissional, relaxado e incompetente corresponda à realidade, se é ou não verdadeira. O que importa é o fato de esses executivos terem recorrido a ela quando chamados a pensar na possibilidade de contato com o exterior, com o outro, ou seja, a resistência em experimentar essa relação com o estranho aparece na forma de baixa auto-estima, de sensação de incapacidade.

Georg Simmel[14], sociólogo alemão do início do século, utiliza a figura do estrangeiro para falar das relações e interações sociais. Segundo ele, o estrangeiro é aquele cuja posição no grupo é determinada pelo fato de não ter pertencido a ele desde o começo. Ele entra em contato com todos os elementos do grupo, mas não está organicamente ligado com qualquer deles por laços estabelecidos de parentesco, localidade, afetividade. Em suma, o estrangeiro não apresenta a condição de estar "amarrado" àquele grupo sendo, por isso mesmo, muito mais percebido pela diferença do que pela semelhança. As suas experiências serão pautadas por uma perspectiva distanciada havendo, constantemente, uma tensão entre a indiferença e o envolvimento. Pode-se dizer que o estrangeiro participa de um jogo do qual não conhece todas as regras.

Neste estudo, nenhum dos executivos parece se sentir muito à vontade na figura do estrangeiro. Ser considerado um estranho e não estar a par de todas as regras parece ser bastante ameaçador. Preferem, portanto, continuar atuando em um ambiente familiar, onde sabem o que podem e o que não podem fazer e, principalmente, onde são reconhecidos pelo que fazem. No mercado brasileiro, mesmo com todos os problemas que enfrentam, sentem-se em casa, (re)conhecem o "chão onde estão pisando". Aqui sabem quais são as regras e poderão ser considerados bons jogadores.

---

[14] SIMMEL, G. O estrangeiro. In: Moraes Filho, E. (org.) *Georg Simmel*: sociologia. São Paulo: Ática, 1983, pp. 182-188.

O estrangeiro como parceiro: uma relação viável?

Como visto, o negócio de franquia envolve uma relação bastante específica entre os atores envolvidos (franqueador e franqueado), em que confiança e comunicação são aspectos fundamentais para que o empreendimento tenha sucesso. Mais uma vez, a análise da noção de alteridade presente nessas entrevistas, agora no que diz respeito aos critérios de escolha do parceiro, torna-se esclarecedora para verificarmos o nível de "proximidade" simbólica desses executivos junto ao mundo exterior.

Ao serem perguntados sobre os critérios que utilizariam para a escolha dos parceiros caso viessem a se internacionalizar, os franqueadores mostraram que estariam mais à vontade se estivessem em contato com países cuja cultura não fosse tão diferente da nossa. Observa-se, mais uma vez, que procuram relações onde possam compartilhar alguns referenciais, relações em que se possam reconhecer e serem reconhecidos.

Uma das empresas entrevistadas ilustra bem essa questão. Seus proprietários saíram da Bélgica há mais de quinze anos, vieram para o Brasil e casaram-se com argentinos. Desde então, a empresa vive essas três culturas, com funcionários argentinos e brasileiros convivendo no ambiente de trabalho, juntamente com seus donos belgas. Ao ser perguntado sobre o porquê de não terem procurado, por exemplo, parceiros argentinos para internacionalizar a franquia, o entrevistado respondeu: "Veja bem, os argentinos não são estrangeiros para nós, tá?"

A convivência entre as duas culturas fez com que as diferenças entre elas fossem assimiladas, abrindo espaço para que os diferentes códigos passassem a ser considerados familiares entre os indivíduos. O argentino deixa de ser um estranho e passa a ser visto como um igual. E, no caso aqui analisado, parece ser bem melhor relacionar-se com um igual do que com um estrangeiro. Isso se confirma quando o mesmo entrevistado é chamado para pensar quais critérios utilizaria se tivesse que escolher um parceiro internacional:

"Em qualquer aventura, qualquer desbravamento desses, certamente iria o pessoal da casa, brasileiros e argentinos com certeza. (...)Volto a dizer, eu acho que os executivos seriam brasileiros ou argentinos e os gerentes de operação... poderia até ser selecionada uma pessoa de lá, um alienígena.*"*

Esse depoimento guarda indicações interessantes. Em primeiro lugar, o entrevistado compara a ida para o mercado exterior como uma grande "aventura", um "desbravamento". Ora, desbrava-se aquilo que é completamente desconhecido, aquilo que precisa ser descoberto. É esse o significado que o entrevistado parece dar ao mundo exterior: um mundo do qual não compartilha e que, por isso mesmo, precisa ser desbravado.

Outro aspecto bastante curioso é o fato de esse executivo encarar o estrangeiro – aquele que não é nem brasileiro e nem argentino – como um alienígena. Para ele, o estrangeiro é percebido com tanta estranheza que aparece como um ser de outro planeta. Temos, aqui, um bom exemplo de etnocentrismo, onde ao outro nem é atribuída a condição de ser humano. A negação é total. Como escolher um parceiro de "outro planeta"? Que nível de comunicação seria possível neste caso? Como transmitir as suas regras, seus valores, a sua identidade, a sua marca?

Esses empresários optaram por permanecer onde estão: em casa. Para se relacionarem com o outro, só se este estiver próximo. Não estamos falando aqui de proximidade geográfica, mas de proximidade simbólica, a qual compreende os valores, os hábitos, a cultura. Os entrevistados mostraram, com isso, que, em uma possível internacionalização da sua franquia, precisariam "assimilar" o estrangeiro, no sentido de descobri-lo, desbravá-lo, conhecê-lo, torná-lo simbolicamente familiar. Precisariam, em suma, compartilhar dos mesmos códigos. Aí sim, poderiam confiar-lhe a sua marca e a sua identidade.

Na verdade, essa "assimilação" pode acontecer de diferentes maneiras. Um dos entrevistados chama a atenção para o fato de que é importante a presença de alguém (ou de algum elemento) que sirva como intermediário na relação com o mundo exterior, quando ela apresentar alguma barreira. No seu caso, a empresa utilizou o nome de uma empresa americana do mesmo ramo para iniciar uma negociação com o Oriente Médio, a qual não chegou a se concretizar.

> *"Eu estive negociando e eles já falaram para mim: se você tivesse um parceiro americano, entrava com muito mais facilidade no Oriente Médio, entrava com muito mais facilidade na Ásia (...) Aí, o que aconteceu? Eu estou formalizando uma parceria com uma empresa americana do mesmo ramo para que eu possa entrar com o meu sistema de franquias apoiado por um nome americano, para que eu possa ter uma referência melhor, entendeu?"*

De acordo com esse depoimento, existiriam culturas mais assimiláveis do que outras, nas quais as diferenças estariam menos aparentes. A empresa, portanto, procurou reconstruir a sua identidade a partir dos referenciais dessa cultura mais "familiar" – a americana – para, através deles, ser reconhecida no mundo totalmente estranho, o Oriente Médio. Mais uma vez, observa-se que os entrevistados valorizam a possibilidade de serem reconhecidos na relação com o outro. Buscam minimizar as diferenças, utilizando os mais diversos recursos.

A adaptabilidade do empresário através de seu produto: assumindo uma nova identidade

Outro aspecto recorrente nas entrevistas é o fato de os empresários pensarem e enxergarem as suas empresas através dos produtos que fabricam. Conseqüentemente, muitos utilizaram o produto para explorar a questão da internacionalização. Essa seria outra forma de pensarem a sua relação com o outro, a partir do momento em que o produto é uma extensão da empresa, um elemento que carrega a sua identidade. A adaptabilidade do produto, a partir do ponto de vista desses empresários, aparece, portanto, como mais um elemento indicador de em que sentido a noção de alteridade influencia a decisão de ir ou não para o exterior. Isso é ainda mais significativo devido ao fato de o negócio de franquia caracterizar-se pela padronização de produtos, serviços, preços e *lay-outs*. Essa padronização depende do tipo de produto que é fabricado e da postura do empresário em relação ao mercado.

Consideremos uma das empresas entrevistadas, cujo ramo de atividades é a fabricação e a comercialização de presentes e objetos de decoração. Segundo declarou o gerente de *franchising*:

> *"Nós trabalhamos com um produto que é multicultural, ou seja, o brasileiro gosta, o americano vai gostar, o europeu gosta (...). O meu produto, primeiro, já tem uma cara multicultural, uma cara que pode ser européia, então eu posso estar colocando ele no Mercosul ou nos Estados Unidos. Ele tem uma característica que, em um presente, em um* design *é importante, ele é praticamente mundial. Não é como uma coleção de roupas que, enquanto aqui está se usando uma roupa mais leve, lá fora está se usando outro tipo de roupa."*

Esse depoimento nos diz que, se o produto tem uma "cara" multicultural, se é menos característico de seu país, ele tem chances de ser melhor aceito em outra cultura. Aqui, o produto foi identificado com uma cultura não brasileira – no caso, a européia – para logo depois ser chamado de *mundial*. Mais uma vez, nos deparamos com culturas consideradas mais assimiláveis do que outras, muito provavelmente por serem mais conhecidas no mundo e, por isso mesmo, mais "próximas" simbolicamente. É pelo fato de o produto não levar consigo uma imagem muito específica ou uma identidade regionalmente definida, que o empresário parece sentir-se seguro para afirmar que ele seria bem aceito em outro mercado culturalmente diferente.

Vejamos este outro depoimento, desta vez do diretor de franquias de uma empresa de *fast food*:

"No nosso caso, pode existir uma certa flexibilidade, porque nós vendemos uma coisa de consumo imediato, que é o sanduíche. Eu vou dar um exemplo: uma vez eu estava fazendo uma apresentação nos Estados Unidos e comentei que na nossa empresa nós vendíamos um sanduíche chamado queijo com banana, que são duas fatias de pão, duas fatias de queijo, banana, canela e açúcar. E aquilo é esquentado numa chapa, o queijo é derretido e as pessoas ficaram espantadas – 'Meu Deus do Céu! Como é que vocês conseguem comer isso?'. Então, se nós fôssemos para os Estados Unidos, nós teríamos que pensar se realmente iríamos vender aquele produto, porque ele pode parecer muito estranho. O francês, por exemplo, come abacate no feijão; o abacate para nós é doce. (...) Agora, quando você pega grandes produtos, que são aqueles que têm a maior participação de vendas do mix, *como é o caso do 'X' que representa em torno de 14% das nossas vendas totais, nós evidentemente não o modificaríamos."*

Observa-se que o tipo de produto comercializado nesse caso é visto pelo empresário como passível de mudanças, uma vez que adquire características muito próprias de acordo com cada ambiente consumidor. Ele admite o fato de ter que adequar o seu sanduíche a outros paladares, caso fosse para outro país. Entretanto é interessante observar quando ele coloca um limite para conceder esse espaço. O produto mais representativo da sua marca, o mais conhecido pelos consumidores não deve ser adaptado. É assim que a empresa é identificada no mercado. Mexer com isso é ameaçar a sua própria identidade.

Outra maneira de se considerar essa questão aparece no depoimento do diretor de *franchising* de outra empresa, também de *fast food.* Segundo ele, a adaptação pode vir a ser um esforço nem sempre compensador:

"Na minha experiência pessoal de exterior eu acho que tem um ranço de país desenvolvido, de todo o mundo encarar o Brasil de forma pitoresca e exótica. Mas... eu realmente não sei qual seria a reação. Agora, outra premissa importantíssi-

ma e que é bom deixar claro é que a pesquisa é cara (...) Talvez eu tivesse que avaliar a relação custo-benefício de não descaracterizar completamente o meu negócio e ter que operar uma coisa que não seja o meu perfil."

Descaracterizar o seu negócio, no caso desse entrevistado, parece ter um custo muito mais alto do que o gasto com pesquisas para conhecer os hábitos e os costumes dos consumidores de determinado mercado.

Os três casos mencionados trazem elementos importantes para pensarmos a questão da alteridade presente nestes depoimentos. Ao analisarmos a flexibilidade desses empresários no que diz respeito à adaptabilidade de seus produtos em mercados culturalmente diferentes, estamos, a um só tempo, verificando até que ponto eles investiriam nessa relação, ou seja, adaptar significa aceitar as diferenças, aceitar esse outro e, mais do que isto, assumir concretamente uma relação com ele, conquistando-o. Para conquistá-lo, o produto deve deixar de lado as suas identificações originais para assumir uma nova identidade. Nas palavras de um dos executivos, deve *descaracterizar-se* para vir a "fazer sentido" dentro deste outro mundo e passar a ser desejável. Os executivos entrevistados apresentaram reações diversas a essa questão, e essas reações nada mais são do que diferentes formas de pensar a sua relação com o outro.

Como vimos, a relação entre franqueador e franqueado pressupõe uma interação entre identidades, em que este último assume as características do franqueador e passa a ser reconhecido através delas, ou em que o franqueador procura adaptar o seu negócio para ser aceito no mundo onde a sua franquia estiver estabelecida.

Parece existir uma preocupação, por parte desses executivos, com a perda da sua identidade original, da sua imagem. Aqueles que percebem o seu produto como definidor de uma identidade específica apresentaram maior dificuldade em assumir uma relação com o outro, uma vez que valorizam a integridade dessa imagem. Alguns até fazem concessões, mas impõem limites caso a ameaça à sua identidade seja total, como foi visto através do exemplo da empresa de *fast food*. Descaraterizar o produto é deixar de ser reconhecido enquanto tal, e isso pode ser mais "caro" – se raciocinarmos em termos simbólicos – do que o investimento na relação com o outro.

Esses empresários estão, mais uma vez, valorizando o familiar, o espaço onde podem exercer integralmente o que realmente são.

O FAMILIAR E O DESCONHECIDO: POR DETRÁS DAS ESCOLHAS EMPRESARIAIS

Mais do que considerar o mundo exterior estranho e sentir-se ameaçados por ele, esses empresários temem não saber se situar nesse mundo, de não reconhecê-lo como a sua "casa", como sendo seu. O "não fazer parte" parece ser muito doloroso, pois significa não compartilhar, não ser aceito, não ser admirado. Isto aparece com bastante clareza quando trazem à tona sua baixa auto-estima através da sensação de incapacidade. Na verdade, o medo é de sempre serem considerados estrangeiros. Esses executivos querem, antes do mais, serem reconhecidos.

Deparamo-nos com um aspecto próprio da cultura brasileira e que de há muito vem sendo discutido no meio acadêmico: o fato de sermos uma sociedade tipicamente relacional. Na cultura brasileira, predomina a noção de *pessoa* em detrimento da noção de *indivíduo* ou, pelo menos, parece que nos sentimos mais à vontade quando estamos ocupando o espaço social como pessoa. "Personalizamos" nossas relações, temos a tendência de torná-las o mais familiar possível.

Para discutir essa questão, o antropólogo Roberto Da Matta[15] utiliza figurativamente os espaços da *casa* e da *rua* para falar da sociedade brasileira. Cada um desses espaços seriam

[15] Sobre essa questão, ver três obras de Roberto Da Matta: *Carnavais, malandros e heróis:* para uma sociedade do dilema brasileiro, Rio de Janeiro: Ed. Zahar, 1983; *O que faz o Brasil, Brasil?* Rio de Janeiro: Rocco, 1986; e *A casa e a rua*: espaço, cidadania, mulher e morte no Brasil. Rio de Janeiro: Guanabara, 1987.

representados, respectivamente, por papéis sociais específicos: o de *pessoa* e o de *indivíduo*. As *pessoas* são conhecidas pelo nome, relacionam-se entre si, têm uma história de vida, têm intimidades, gostos e opiniões só suas. A *casa* seria, portanto, o espaço social por excelência onde somos pessoa, uma vez que, em casa, somos sempre reconhecidos, nunca seremos um estranho. Nossas relações dentro de casa são marcadas pelos laços familiares, pelo parentesco e pela afetividade.

Já como *indivíduos*, somos marcados pela impessoalidade. Somos reconhecidos não pelo nome, mas por um número de identidade. Somos indivíduos quando respondemos às leis, pagamos impostos. O espaço social onde nos tornamos indivíduos é o da *rua*, onde ninguém se conhece e onde não importa quem realmente somos. A rua é o espaço do desconhecido e do inesperado, onde não temos controle sobre o que está por acontecer.

Pode vir daí a explicação, do ponto de vista antropológico, para o fato de os executivos entrevistados terem apresentado resistências ao pensarem em internacionalizar o seu negócio.

Ao irem para o exterior, virariam indivíduos em um ambiente nada familiar. Não seriam reconhecidos pelo nome ou pelo seu jeito de ser. O reconhecimento viria por vias impessoais, como o profissionalismo, a competência e a competitividade. Estariam na *rua*, representada aqui pelo mundo exterior, onde teriam que aprender as regras para saberem se comportar e agir. Para aprender tais regras, teriam de viver um bom tempo como estrangeiros, sem ocupar um espaço muito definido, sem ter o seu próprio espaço. Conquistar tal lugar e torná-lo a sua *casa* demandaria ainda um esforço: muitos teriam que deixar de lado marcas genuínas e adquirir outras, para só assim serem percebidos.

Alguns até pensaram no assunto, chegaram a iniciar algumas negociações, mas preferiram ficar no seio da sua grande família, o Brasil. Pareceu-lhes mais compensador, pelo menos simbolicamente.

CAPÍTULO 7

EXPANSÃO INTERNACIONAL DE GRANDES EMPRESAS: ESTABELECENDO RELACIONAMENTOS NO MERCADO INTERNACIONAL

Luis Filipe Agapito da Veiga
Angela da Rocha

As empresas brasileiras entram no século XXI enfrentando o que será, provavelmente, um desafio maior do que qualquer outro vivido no decorrer do século que se encerrou: a globalização dos mercados. Este movimento deverá cobrar elevado tributo das empresas puramente domésticas, ou seja, daquelas cujo raio de ação se encontra limitado ao mercado de seu país de origem, que deverão defrontar-se com a competição de poderosas empresas globais.

Esta é a situação típica das empresas brasileiras, particularmente as de grande porte, já que empresas menores têm maior possibilidade de atuar em nichos de mercado, protegendo-se, dessa forma, da competição internacional. São ainda poucas as empresas brasileiras que partiram para a ação internacional, tanto no que se refere a atuação exportadora significativa, quanto ao licenciamento de tecnologia para o exterior e ao investimento direto através de aberturas de subsidiárias em outros países. De forma geral, mesmo aquelas empresas mais adiantadas em seu processo de internacionalização encontram-se ainda fortemente distanciadas de suas grandes concorrentes globais no que se refere à rapidez e profundidade desse processo.

Este capítulo analisa o processo de internacionalização de três empresas brasileiras de grande porte e alto grau de envolvimento com o exterior, com vistas a identificar as características e dinâmica desse processo. As principais questões investigadas cobriram os seguintes aspectos: como ocorreu o início do processo de internacionalização das empresas estudadas; quais foram as formas adotadas para ingresso em mercados externos; de que forma a seqüência da escolha dos mercados encontra-se relacionada com o conceito de distância cultural; como se deu a evolução do comprometimento com os mercados externos; e em que medida ocorreu o desenvolvimento de estruturas internas específicas e complexas para gerenciar o processo de internacionalização.

Os dados foram obtidos através de entrevistas com executivos das empresas e consulta a documentos e publicações existentes. As empresas estudadas foram Indústrias Romi, Eucatex e Duratex.

CASO 1: INDÚSTRIAS ROMI

A Romi foi fundada em 1930, na cidade de Santa Bárbara d'Oeste, estado de São Paulo, por Américo Emílio Romi, sob o nome Garage Santa Bárbara. A nova empresa dedicou-se à fabricação de máquinas agrícolas, inicialmente com vistas a atender o mercado regional, mudando seu nome, em 1938, para Máquinas Agrícolas Romi Ltda. A empresa se expandiu rapidamente, tornando-se a maior produtora de máquinas agrícolas do país.

Nos anos 40, a empresa diversificou-se, ingressando na produção de máquinas-ferramenta. Em 1941, foi fabricado o primeiro torno mecânico e em 1948 produziu-se o primeiro trator fabricado no Brasil. A empresa prosseguiu em seu processo de diversificação nas décadas seguintes. Em 1956, através de uma associação com a fábrica italiana Isetta, fabricou o primeiro automóvel brasileiro, o Romi-Isetta.

Em 1971, produziu o primeiro torno com comando numérico computadorizado no Brasil e, em 1973, iniciou a fabricação de máquinas injetoras de plástico. Na década de 1990, a empresa introduziu no mercado uma linha de centros de usinagem, a partir de tecnologia própria (1992), uma nova linha de injetoras de plástico (1993) e um sistema de usinagem de furos de precisão (1995).

Quanto à natureza jurídica da empresa, em 1954, a Romi tornou-se uma sociedade anônima, alterando sua razão social, em 1962, para Indústrias Romi S.A. Em 1972 tornou-se uma sociedade anônima de capital aberto, com ações negociadas na Bolsa de Valores de São Paulo.

As parcerias internacionais da empresa foram-se expandindo. Além do acordo com a Isetta italiana, na década de 1950, a empresa celebrou, em 1986, contrato de transferência de tecnologia com a empresa Yamazaki Mazak Corporation, do Japão, para uma nova linha de tornos a CNC e em 1998 assinou contrato de licença de patente com a empresa EMAG Machinen Vertriebs und Service GmbH, da Alemanha, para fabricação de centros de torneamento verticais.

A transferência de tecnologia também ocorreu de dentro para fora. Em 1997, a empresa celebrou um contrato de transferência de tecnologia, licenciando um de seus modelos de tornos a CNC a uma grande empresa européia fabricante de máquinas-ferramenta. Esta conquista se inseria em uma política de desenvolvimento de tecnologia própria, através de vários centros de P&D e investimentos anuais de 6% da receita operacional líquida. Os resultados dessa atividade de P&D haviam levado ao depósito e concessão de mais de 50 patentes de invenção e a 32 pedidos de patentes em andamento na América, Europa e Ásia.

Por ocasião do estudo, o presidente da empresa era o neto do fundador, que também levava seu nome – Américo Emílio Romi Neto. Ao final do ano 2000, a Romi era uma sociedade anônima de capital aberto, com ações em bolsa. Aproximadamente 60%

do controle do capital da empresa eram da família Romi e 40% estavam em mãos de terceiros. No entanto, apesar do controle familiar, a direção da empresa orgulhava-se de haver aprendido a separar as questões patrimoniais, relativas à propriedade da empresa, das questões administrativas.

O processo sucessório era uma grande preocupação da família Romi. Se aparentemente, de um lado, pretendia-se manter o controle familiar do empreendimento, por outro buscava-se determinar quais os membros da família com capacidades e habilidades necessárias a participar de sua administração. Tentava-se, assim, conciliar a natureza familiar do controle com as necessidades de uma gestão profissionalizada.

Uma das características da filosofia de gestão da Romi parece ter sido a preocupação em manter a empresa capitalizada e não distribuir dividendos acima de determinado nível. Devido a características intrínsecas ao negócio da Romi, bens de capital sujeitos a flutuações cíclicas das vendas, a empresa necessitava reter lucros, de modo a sobreviver nos períodos recessivos. Então, a postura adotada na distribuição de dividendos era considerada conservadora.

O Processo de Internacionalização da Empresa

O fundador da empresa, Américo Emílio Romi, era filho de imigrantes italianos. Embora nascido no Brasil, retornou à Itália, com sua família, antes da I Guerra Mundial, prosseguindo seus estudos naquele país. Ao final da guerra, casou-se e retornou ao Brasil. Segundo André Romi, um dos atuais diretores da empresa, a experiência internacional do fundador na Itália já prenunciava o processo de internacionalização da empresa.

Em 1944, a Romi iniciou as exportações para a Argentina, seu primeiro mercado de exportação. Antes, porém, já se podia falar da chamada internacionalização para dentro, já que boa parte dos insumos era importada de outros países, particularmente da Itália e da Alemanha. A empresa via com bastante clareza o fato de que a internacionalização era uma via dupla, de "duas mãos".

Apesar da rápida expansão das exportações, a internacionalização para dentro continuava a ter um papel importante no desenvolvimento da empresa, como no caso da parceria com a Isetta italiana. Essa experiência se completaria nos anos subseqüentes com outros contratos de transferência de tecnologia, celebrados com empresas do Japão e da Alemanha.

A vivência internacional da empresa, que era uma combinação das diferentes formas de internacionalização com que ela convivia – transferência de tecnologia para dentro e para fora, acordos de licenciamento, exportações e investimento direto no exterior – permitiu-lhe obter amplo conhecimento do mercado internacional, acumulando experiência:

> *"Essa experiência, ela é um conhecimento acumulado. A Romi completa 70 anos de vida e desde o começo praticamente, no berço da empresa, ela já se via em contato com o mercado externo. Começou com as exportações em 1944. Então, é um conhecimento, é uma capacitação acumulada, uma cultura acumulada, tratar com um alemão, tratar com um americano, tratar com um japonês. Nós sentamos à mesa e nos sentimos perfeitamente adequados à situação. Nossos profissionais viajam constantemente para o exterior e vice-versa."*

No âmbito da exportação, a Romi exportava para mais de vinte países em quase todos os continentes, utilizando 26 distribuidores. O uso de distribuidores era visto pela empresa como opção de menor risco, principalmente no caso de mercados considerados marginais, em que a empresa tinha pequena participação, ou de mercados instáveis devido a problemas políticos, religiosos ou culturais. Além disto, o distribuidor era visto como conhecedor do mercado, do ponto de vista cultural.

O que seria um bom mercado externo para a Romi, ou seja, como a empresa via seus mercados de atuação internacional? Os mercados norte-americano e europeu eram vistos como bastante similares, em termos tecnológicos, e com baixo risco comercial. Já os mercados latino-americanos eram percebidos como de alto risco, particularmente pelo alto índice de inadimplência. Por sua vez, os mercados asiáticos, do Oriente Médio e do Leste Europeu eram vistos como mais distantes e mais difíceis de penetrar. Para esses mercados, o caminho natural entrevisto pela empresa era o uso de distribuidores.

Para fazer face à competição mundial em seus vários mercados de atuação, a empresa havia desenvolvido produtos padronizados – produtos mundiais – que eram vendidos em todos os mercados. Esta padronização permitia à empresa competir eficazmente tanto em mercados desenvolvidos quanto em desenvolvimento. Na mesma linha, a percepção do entrevistado era de que a empresa não só fabricava produtos mundiais, como estava capacitada a atuar em todos os países onde operava com certa familiaridade, o que lhe permitia negociar, sem constrangimento, em diferentes culturas: "Não vemos diferença entre um cliente alemão e um cliente brasileiro, hoje em dia."

A empresa costumava participar de 10 a 15 feiras no exterior, a cada ano, tipicamente setoriais. Em algumas dessas feiras, a Romi participava como visitante e, em outras, como expositora. Na opinião do executivo entrevistado, essas feiras eram de grande importância para que a empresa mantivesse contato com os seus mercados de atuação.

O Investimento Direto no Exterior

A abertura de subsidiárias no exterior obedecia a uma lógica peculiar ao negócio. É que, embora não produzisse no exterior, a Romi necessitava estar presente em seus principais mercados, para prestar serviço adequado a seus clientes, através de estoque de máquinas e peças, assistência pré e pós-venda e para expor o produto. As subsidiárias no exterior, então, eram basicamente para armazenagem, pré-venda, venda e assistência técnica. A empresa dispunha dessas subsidiárias nos mercados dos EUA, Argentina e Uruguai e estava implantando outra na Alemanha.

O processo decisório de investimento direto no exterior não estava associado a um único indivíduo, mas a decisão final era tomada pelo próprio Conselho de Administração da Romi, a quem cabiam as decisões de caráter estratégico. No entanto, competia à diretoria executiva encaminhar tais questões à consideração do Conselho de Administração.

O primeiro mercado considerado pela direção da empresa para investimento direto no exterior foi o americano, por ser este seu principal mercado externo, responsável por 70% das exportações da empresa (que, por sua vez, correspondiam a 30%do faturamento). Quando foi tomada a decisão de internacionalização, portanto, estava claro para a direção da empresa que o mercado americano deveria ser o primeiro onde se faria o investimento direto. Era imprescindível criar uma presença mais forte nos EUA, que levasse à consolidação da marca e permitisse prestar melhor serviço pré e pós-venda aos clientes.

Um problema referia-se a onde colocar suas instalações. Esta decisão envolvia questões como acesso a mercado, custos etc. Inicialmente optou-se por Chicago, no estado de Illinois, mas a operação da Romi nos Estados Unidos ainda era bastante limitada, "com quatro pessoas apenas trabalhando na empresa e um nível de atividade mais restrito." Posteriormente, transferiu-se a empresa para a cidade de Erlanger, no estado de Kentucky, inaugurando em 1998 as novas instalações da Romi Machine Tools. A escolha dessa nova localização devia-se a que "aquela região de Kentucky atraiu muitos investimentos nesse segmento em que nós trabalhamos e passou a contar com uma grande concentração de fabricantes e de distribuidores de máquinas-ferramenta". Essas instalações ocupavam uma área construída de aproximadamente dois mil metros quadrados, incluindo *show-room*, estoque de peças e serviços pré e pós-venda. As novas instalações significavam, efetivamente, aumento do comprometimento da Romi com aquele mercado.

Outros mercados onde a empresa realizou investimento direto foram a Argentina e o Uruguai. Em ambos os casos, a proximidade desses mercados, as experiências anteriores vividas pela empresa através de exportações, além do Mercosul, parecem ter influenciado a decisão tomada. A questão da proximidade geográfica e cultural apareceu fortemente na entrevista:

> *"O Mercosul pode até ser considerado uma coisa à parte, porque foi um investimento bem menor e, na verdade, o Mercosul tem uma porcentagem muito grande no Brasil, no sentido de ser quase que uma extensão e vice-versa. Da Argentina para o Brasil, e do Brasil para Argentina, Uruguai, Paraguai. Com o Mercosul, houve um algo mais, que atraiu o interesse das empresas em se posicionarem diretamente no mercado, criou-se uma tarifa comum dentro do bloco, que permite uma proteção com relação a produtos de terceiros países. Não somente isso. Também tinha chegado o momento... a empresa do Uruguai foi um pouco antes, em 1992 e a Argentina em 1994, mais ou menos por aí. Tinha chegado o momento de abrir uma empresa lá."*

Na ocasião da entrevista, a empresa estava ingressando na Alemanha através de investimento direto. Como os investimentos no Mercosul eram vistos como uma "extensão natural", a abertura de uma subsidiária na Alemanha era percebida, na verdade, como o segundo grande passo na decisão de localizar-se no exterior:

> *"E, ultimamente, na Alemanha. Porque a Alemanha é um país onde se concentra um grande número de produtores, de produtos similares aos nossos e também de consumo de produto. Talvez o consumo de produto per capita na Alemanha seja um dos mais altos do mundo. Mesmo assim, não foram apenas*

esses critérios, mas consideramos que a Alemanha, geograficamente, se encontra mais ou menos no centro da Europa, permitindo que você faça um acompanhamento de todos os demais países da Comunidade Européia. Então da Alemanha, por exemplo, você tem condição de visitar clientes ou outros distribuidores em um dia de trabalho, quer dizer, você sai de manhã e volta à tarde. Isso permite economia com despesas. Então, essa é a razão da escolha da Alemanha."

Para ingresso no mercado alemão, foi contratado um profissional local, cerca de dois anos antes, que trabalhava em um escritório doméstico, "com toda a infra-estrutura: microcomputadores, *notebook*, linhas telefônicas etc." No momento de decisão da abertura da subsidiária da Romi na Alemanha, este profissional contratou contadores, imobiliárias e empresas de recursos humanos para auxiliá-lo na tarefa.

A Itália também foi considerada como possibilidade em algum momento do processo decisório de investimento direto no exterior, mas considerações econômicas e estratégicas levaram a empresa a localizar-se na Alemanha em detrimento da Itália, que continuaria a ser atendida por distribuidor local.

A presença na Europa era vista pela empresa de forma bastante distinta da presença nos Estados Unidos. Isto porque, enquanto nos Estados Unidos buscou-se essencialmente dar suporte aos negócios já existentes, ainda que prevendo crescimento, na Europa a expectativa era de abertura de novos mercados:

"Já a Europa é diferente. A Europa, ela passa agora a ter uma prioridade no sentido de novos mercados a serem iniciados. E assim, com a empresa lá, nós temos condição de ter uma concentração de nossos esforços apenas naquele mercado. A partir do momento que o mercado dos Estados Unidos se consolidou, nós passamos para o seguinte. Por que isso? Porque envolve investimentos em grande volume. Então, você tem que priorizar os investimentos. ...Não sei se essa seqüência de mercados foi a ideal. Pelo menos foi aquilo que foi

possível fazer. Acho que qualquer empresa aqui no Brasil se ressente de falta de recursos financeiros em geral para qualquer tipo de investimento."

Assim, o processo seqüencial de abertura de subsidiárias em diferentes mercados era percebido como estando associado à disponibilidade de recursos para investimentos.

Estrutura para a Ação Internacional

A estrutura internacional da empresa, assim como os recursos humanos voltados para o mercado externo, pode ser analisada sob dois ângulos: o da matriz no Brasil e o das subsidiárias no exterior.

A estrutura organizacional voltada para as atividades internacionais, na matriz brasileira, mostrou-se bastante dinâmica e flexível, acompanhando a expansão da Romi. A empresa adaptou-se continuamente, sob o ponto de vista de sua estrutura, ao crescimento de suas atividades internacionais. Indagado sobre a ocorrência de grandes mudanças estruturais para atender à internacionalização, o entrevistado indicou que tais mudanças foram mais de natureza incremental, ao longo do tempo, não se constituindo, em qualquer ponto, em transformações radicais na estrutura da empresa.

A estrutura de comercialização encontrava-se organizada por produtos e por mercados. Havia duas diretorias de comercialização, uma para máquinas-ferramenta e outra para máquinas de injetoras de plástico. Subordinadas a essas diretorias havia duas gerências, uma para o mercado doméstico, outra para o mercado externo. As funções das diretorias e das gerências encontravam-se claramente definidas, cabendo aos gerentes administrar o dia-a-dia dos negócios e à diretoria decidir sobre questões estratégicas. A decisão final quanto à abertura de subsidiárias no exterior cabia ao Conselho de Administração.

Apenas a comercialização internacional era tratada de forma separada do mercado doméstico. As gerências encarregadas do mercado externo, em cada uma das diretorias, eram responsáveis especificamente por marketing, vendas, seleção de distribuidores, planejamento de estoques de distribuidores etc. No mais, as funções administrativas eram exercidas pelos mesmos departamentos, quer se referissem ao mercado doméstico ou ao mercado externo. Por exemplo, as atividades de administração financeira, entre as quais se incluíam garantias, emissão de títulos de cobrança, relacionamento com bancos etc., eram realizadas pelo departamento financeiro. O envio de produtos para mercados externos era feito pelo departamento de expedição, que coordenava embarques, datas, fretes e outros aspectos da logística internacional com a subsidiária no exterior. Os gerentes de comercialização eram tipicamente engenheiros de formação, com treinamento em *marketing* e vendas.

As subsidiárias da Romi no exterior tinham razoável grau de autonomia, sendo o controle da matriz exercido através do envio de balancetes mensais e de auditoria externa anual. Nos mercados onde dispunha de subsidiária, a Romi contratava profissionais locais, para melhorar seu conhecimento daquele mercado, em particular de sua cultura e do comportamento do comprador, além, naturalmente, do pleno domínio do idioma e dos costumes locais.

O pessoal técnico tinha formação basicamente em mecânica e eletrônica, mas a empresa considerava necessário que os técnicos também dispusessem de conhecimentos nas áreas financeira e comercial. O treinamento dado referia-se fundamentalmente à empresa. Os técnicos que deveriam ocupar posição-chave na subsidiária eram trazidos ao Brasil "para conhecer toda a organização, como ela funciona, a política, a filosofia, os meios, a manufatura, a parte comercial, a parte administrativa". Nos Estados Unidos a empresa dispunha de 12 funcionários de nível técnico, seis na Argentina, três no Uruguai e um na Alemanha. Esperava-se aumentar o número de funcionários na Alemanha, em breve, para quatro pessoas. Para facilitar a comunicação, utilizava-se o inglês no relacionamento com americanos e alemães e o espanhol com os argentinos e uruguaios.

CASO 2: DURATEX

A Duratex foi fundada em 1954 na cidade de Jundiaí, São Paulo, inicialmente para produzir chapas de fibra de madeira a partir de eucalipto. Em 1956 a empresa iniciou a exportação para o mercado norte-americano e em 1969 abriu uma filial de vendas.

A empresa expandiu seu mercado de atuação principalmente através de aquisições. A partir de 1972, com a incorporação da Deca, entrou no mercado de metais e louças sanitárias. Posteriormente, na década de 1980, adquiriu unidades fabris de louças sanitárias do Grupo Lafarge (1981), iniciou a produção de chapas de aglomerado com a aquisição de duas fábricas do Grupo Peixoto de Castro (1984) e ampliou sua capacidade em aglomerados com a aquisição da unidade de produção de aglomerados do Grupo Freudenberg (1988).

Em 1995 adquiriu o controle integral da empresa argentina Piazza Hermanos, fabricante de metais e louças sanitárias que passou a se denominar Deca Piazza. Em 1997 e 1998, a empresa entrou em dois novos mercados, o de MDF (Medium Density Fiberboard) e de pisos laminados de alta resistência. A produção dos derivados de madeira foi viabilizada pelo cultivo de cerca de 70 mil hectares de florestas de pinus e eucaliptos em seis unidades florestais no Brasil.

Em 2000, a empresa fez um aumento de capital através da emissão e distribuição de ações em bolsa, tornando-se uma empresa privada nacional de capital aberto, controlada pelo grupo Itaúsa. O presidente da empresa, por ocasião da entrevista, era Paulo Setúbal. Segundo depoimento do executivo entrevistado, quando o presidente assumiu a empresa produziu-se um *turnaround*, caracterizado por enxugamento dos quadros, redução de custos e profissionalização.

O Processo de Internacionalização da Empresa

A Duratex foi fundada para a produção de chapas de fibra de madeira e, desde o início, atuou como ativa exportadora para o mercado externo, a começar pelo mercado norte-americano. Com matéria-prima abundante e mão-de-obra barata, a empresa tinha posição competitiva privilegiada em um mercado praticamente de *commodities*. As vantagens de custo decorriam ainda de uma condição natural, o fato de o crescimento de florestas, no Brasil, devido ao clima tropical, ocorrer em período mais curto ("...uma floresta, aqui no Brasil, cresce em sete anos...") do que em outros países ("...nos Estados Unidos demora trinta anos, na Europa deve demorar setenta anos...").

A opção por servir o mercado externo através de exportação foi natural e uma oportunidade para expandir-se além do mercado doméstico. Era vista também como forma de gerar divisas para adquirir equipamentos no exterior e como um seguro contra flutuações econômicas no mercado interno que impactassem os níveis de vendas. De fato, a demanda no mercado em que a empresa atuava, de bens de consumo duráveis, encontrava-se relacionada ao nível de aquecimento da economia, o que, em países instáveis como os em desenvolvimento, implicava a possibilidade de flutuações que podiam colocar em risco a saúde financeira da empresa.

A partir desta visão, a conquista do mercado externo fazia parte do plano estratégico da empresa no longo prazo, com forte compromisso de recursos, embora houvesse momentos em que o mercado externo se mostrasse menos rentável que o interno.

> *"A empresa atua no mercado internacional ao menos há trinta anos. Desde o começo nós exportávamos chapas de madei-*

ra. Há quase cinqüenta anos nós estamos presentes no mercado externo através de exportações; há trinta anos temos uma estrutura física, com uma equipe de vendas, com quatro armazéns espalhados pelos Estados Unidos, armazéns estrategicamente posicionados para a distribuição; e na Europa a empresa está presente há vinte anos."

O relacionamento com o mercado externo foi cultivado mesmo em situações onde havia desvantagem em servi-lo, indicando que a empresa havia descartado o modelo de exportador oportunista para investir na criação de relacionamentos com os clientes externos. Esta visão implicava constantes investimentos para a ampliação da capacidade produtiva (estavam planejados novos investimentos na ampliação do parque fabril a serem efetuados nos três anos seguintes) e o respeito aos contratos já firmados no exterior:

"Hoje, nós estamos até diminuindo as exportações, a nossa presença lá fora, porque o mercado interno é muito mais lucrativo, e está muito demandado. Então, é tudo uma questão de oportunidade, quer dizer, a gente não reduz a nossa posição lá porque também é interessante, é burrice fazer um negócio desses. Você mantém seus clientes por trinta anos, depois você sai, não pode... Você continua subsidiando aquele mercado, mas dando uma preferência para o mercado interno. ... É muito complicado você falar de exportação quando o mercado interno tem muita demanda e as margens são muito maiores."

As decisões de investimento direto nos mercados externos, passando da venda através de agentes para a criação de filiais de vendas e centros de distribuição, obedeciam a necessidades logísticas, dado o crescimento da importância do mercado, mas levavam também em conta aspectos culturais do mercado específico, como, por exemplo, a desconfiança em relação a empresas oriundas de países em desenvolvimento (EUA) ou a necessidade de um relacionamento mais estável e presença consolidada do fabricante no país (Argentina).

Já em outros mercados o estabelecimento de parcerias com agentes locais foi suficiente para o atendimento aos consumidores locais, tendo em vista as vantagens de custo e qualidade alcançadas. Outro aspecto importante para a presença em mercados externos foi o conhecimento de tendências de produtos que possibilitassem maior aproximação com as preferências dos consumidores no mercado doméstico, diversificando a oferta de produtos. Isso era feito pelo contato direto com o mercado e através de participação em feiras.

Finalmente, a atuação no mercado exterior expunha a empresa a requisitos de qualidade e produtividade aos quais era preciso se adequar, elevando o padrão de competitividade e lucratividade inclusive para o mercado interno, o que se somava ao contato com novas tecnologias desenvolvidas no exterior. A adequação às normas internacionais e a atualização tecnológica eram percebidas como trazendo benefícios para a empresa em todos os mercados, impulsionando as vendas internas e externas.

O Investimento Direto no Exterior

A primeira experiência de investimento direto da empresa foi na Alemanha. Na década de 1970, a empresa adquiriu uma fábrica na Alemanha para a produção de chapas de fibra de madeira: "...Foi uma oportunidade... e o negócio tem que ser bom para você dar um passo desses..." No entanto, esta operação, embora lucrativa, foi descontinuada na década de 1990, uma vez que exigia muita atenção da direção da empresa: "Porque ... o diretor da área de madeira tinha que ir para lá, ... a área financeira, tinha que ir lá ... Enfim, tomava muito tempo... não era o foco da empresa, estar tão longe assim."

O segundo mercado em que a Duratex decidiu fazer investimento direto no exterior foi o americano. A empresa já vinha exportando fortemente para aquele país e julgou necessário estabelecer um escritório. O primeiro escritório foi estabelecido em Nova Iorque. No entanto, a empresa percebeu que "era muito caro manter aquele escritório em Nova Iorque", optando por uma localização mais barata. A decisão final foi a de abrir uma subsidiária na Carolina do Norte, que operava armazém de produtos acabados em Gulfport, no mesmo estado, e nos estados de Texas, Maryland e Illinois. Essa subsidiária de distribuição nos Estados Unidos completou 30 anos em 1999, com volume médio de 82 mil metros quadrados de chapa de fibra de madeira ao ano. Como já observado, a direção da empresa percebeu uma necessidade de estabelecer presença no mercado americano desde muito cedo:

> *"O americano acha que você precisa ter alguém lá. Você não pode esquecer que você é brasileiro e isso tem uma série de implicações. Acho que você, tendo escritório em lugar estabelecido, ganha credibilidade, além de precisar ter um produto de qualidade, o que nós temos. Nós vendemos para, por exemplo, a Mercedes Benz, que é uma empresa que, se não tiver qualidade, você não vende. Então, além de ter qualidade, você tem que ter um lugar fixo para dar credibilidade, você tem que ter um endereço e um telefone para ligar e saber que vai ter uma assistência, senão você não vende nesse lugar."*

O entrevistado justificou ainda o fato de a empresa ter entrado antes nos Estados Unidos e depois na Europa pela distância geográfica, considerando o mercado americano mais próximo do Brasil do que o europeu: "... eu diria que os Estados Unidos foi o primeiro porque é o mais próximo de nós." Considerando o custo do frete, principalmente para chapas de madeira "então você tem que buscar primeiro, é lógico, os mercados mais próximos".

O passo seguinte foi a entrada na Europa com subsidiária de distribuição, paralelamente à fábrica na Alemanha, que, como se viu, só foi vendida na década de 1990. A partir dos anos 80, a Duratex estabeleceu na Europa uma estrutura para comercialização e distribuição de chapas de fibra de madeira, que contava, em 2000, com um escritório em Mechelen, na Bélgica, e mais dois armazéns, em Brake e Antuérpia. A empresa via o mercado europeu como sendo único, ou seja, para a Duratex, os países europeus eram vistos como um mercado integrado. Como observou o entrevistado, "o porto de entrada é na Alemanha, o escritório fica na Bélgica e os armazéns estão espalhados por toda a Europa".

A mais recente experiência da empresa com investimento direto no exterior ocorreu na Argentina, em meados da década de 1990. A Duratex ingressou na Argentina em 1995, através de aquisição de uma empresa local, a Piazza Hermanos. Essa empresa era a vice-líder no mercado argentino de louças e metais sanitários, mercado esse dominado por uma líder muito forte, com cerca de 40% de participação. A Piazza Hermanos encontrava-se sediada nos arredores de Buenos Aires.

Em um primeiro movimento, a Duratex havia estabelecido uma *joint venture* com a Piazza Hermanos, mas, posteriormente, adquiriu a participação do sócio argentino. Até 1999, membros da família Piazza ocuparam posições executivas na empresa adquirida, sendo posteriormente substituídos.

Na ocasião da entrevista, a Duratex dispunha de duas unidades fabris na Argentina, da linha Deca Piazza, e exportava produtos de madeira para o mercado argentino. A primeira fábrica era a que havia sido adquirida, voltada para a produção de metais sanitários. Em seguida, a Duratex construiu uma fábrica para louças sanitárias, utilizando tecnologia de ponta, de modo a dispor de linha completa no mercado argentino.

A empresa percebeu, em determinado momento, a necessidade de estar presente na Argentina, em função de exigências do próprio mercado: o argentino daria preferência a empresas com instalações físicas no país, "se não o argentino olhava para você com desconfiança", o que tornava necessário "estar presente fisicamente lá", para "dar suporte a seu cliente". A decisão de investir no mercado argentino obedeceu também a outras considerações:

> *"Se você quiser crescer, para onde você vai? Onde tem mais sinergia? Onde o mercado é mais interessante? Você não vai para a Colômbia, onde tem traficante... Lá você tem que andar de carro blindado o tempo todo, se não você é seqüestrado, isso aí é uma realidade. Você tem que ir para um lugar que tenha dinheiro, que tenha mercado consumidor. Para onde você vai na América Latina? Para a Argentina, não na situação atual, mas na que era na época da aquisição... E dentro da Argentina, para onde você vai? Você tem que estar próximo ao centro consumidor. Onde está o dinheiro? O dinheiro está em Buenos Aires. Então, você quer estar lá."*

A operação argentina foi fortemente afetada pela crise econômica, particularmente em função da própria natureza do negócio, de alta sensibilidade a crises. No entanto, a empresa estava adotando medidas de contenção e dispensa de pessoal, mas não pensava em fechar o negócio, aguardando a retomada do crescimento da economia argentina. Como a participação da subsidiária argentina no faturamento da empresa era de apenas 4%, a empresa estava arcando com os prejuízos daquela operação sem que isso afetasse sua saúde financeira.

> *"A Argentina é um mercado meio esquisito... A fábrica de metais e louças talvez faça muito sentido... porque nós compramos. Nós entramos no mercado argentino por aquisição, e... foi um trampolim. É um país de língua espanhola, tudo mais... É um mercado interessante, quando não está recessivo."*

Há diferenças entre os mercados do Brasil e da Argentina, segundo relatou o entrevistado, mas essas diferenças são específicas, embora, em geral, "fazer negócio lá é a mesma coisa". A principal diferença, na opinião do entrevistado, decorria do sistema de cobrança e da proteção dada pela lei argentina ao devedor inadimplente. Com isso, o risco de operar na Argentina era maior do que no Brasil.

Apesar de a empresa argentina levar o nome Deca, as duas linhas não haviam sido integradas, de tal forma que "eles fazem produtos que nós não fazemos aqui e nós fazemos produtos que eles não fazem lá". No entanto, identificando-se uma oportunidade para os produtos da outra empresa no país, os mesmos eram exportados, da subsidiária argentina para a matriz brasileira ou vice-versa.

O entrevistado não considerava que a empresa fizesse planos, em futuro previsível, para expandir as unidades de fabricação fora do Brasil, pois havia a percepção de que isto não seria compensador, já que a matéria-prima era mais barata no Brasil. No entanto, a empresa pretendia manter sua presença internacional:

> *"O mercado externo é sempre uma oportunidade, mesmo porque a empresa está presente há muitos anos lá fora... Nós nunca deixaremos de estar presentes lá fora, mas não faz sentido implantar uma indústria lá pelo baixo custo de produzir aqui... Eu vejo isso como inviável. ... Se eu for para os Estados Unidos, a mão-de-obra é mais cara, se eu for para a Europa, a mão-de-obra é mais cara. Não tenho porque sair de um lugar tão bom quanto o Brasil, eu posso usar o Brasil como plataforma de exportação... Eu tenho os canais, tenho os armazéns, todos estrategicamente localizados, tenho equipe de venda, tenho toda esta estrutura já pronta, não há porque não utilizá-la mais. Hoje eu só não utilizo porque não tenho produto, a minha capacidade está totalmente tomada."*

A Estrutura para a Ação Internacional

A organização das filiais de vendas ou das fábricas estabelecidas no exterior fazia uma distinção bem clara entre operacional e controle. Os níveis gerenciais que definiam estratégias e controlavam a operação eram formados por brasileiros, enquanto as gerências mais operacionais e o pessoal técnico eram escolhidos entre estrangeiros. Isto se repetia nas filiais de vendas, onde os níveis de controle (financeiro) estavam localizados na matriz no Brasil, enquanto a administração da operação e a operação em si eram gerenciadas por pessoal local.

"...Todos os executivos, os conselheiros, estão atentos, na Duratex Brasil. Tem um gerente lá que toma conta do negócio e faz os contatos comerciais, cuida da parte logística. Mas o resto é tocado por aqui, o caixa da empresa é aqui, é tudo administrado por São Paulo. A administração toda, vamos dizer assim, é aqui."

O corpo executivo era escolhido com base na disponibilidade e habilidade para lidar com desafios. Ele era responsável por reproduzir em escala menor – a da subsidiária – as orientações estratégicas da matriz e manter um controle mais estreito sobre a operação. Apesar da estratégia ser definida pela matriz, a filial tinha liberdade para adaptar os produtos às necessidades do mercado local, havendo inclusive troca de conceitos de produtos bem sucedidos entre matriz e filial. A pesquisa de mercado era ativa, não só nos mercados locais, mas também no mundo todo.

Dentro da matriz, foi criada uma estrutura para o controle das operações no exterior não muito dissociada da operação normal. Enquanto o Setor de Exportações era responsável pelo controle das exportações via agentes e das filiais de vendas (EUA e Europa), o corpo executivo da matriz dividia seu tempo entre as suas tarefas estratégicas e o gerenciamento das unidades fabris do exterior.

No entanto, a própria exposição da empresa aos concorrentes no exterior trouxe a necessidade de nova abordagem no gerenciamento dos recursos humanos, incorporando técnicas de gestão e incentivo, de forma a aproximar o desempenho doméstico do da concorrência internacional.

CASO 3: EUCATEX

A Eucatex foi fundada em 1951 a partir de uma serraria que vendia troncos de eucalipto como combustível para trens, de propriedade da família Maluf. Com o advento das locomotivas a diesel ou elétricas, a empresa partiu para a fabricação de chapas de madeira para forros e isolantes acústicos.

Com a necessidade de agregar mais tecnologia ao seu produto, a Eucatex foi incorporando novas áreas e tecnologias de produção, tais como: metalurgia, para fabricação das ferragens para divisórias e telhas metálicas; agricultura, para o cultivo das florestas de pinus e eucaliptos; mineração, para a extração de matéria-prima (verniculita) para divisórias corta-fogo. Com a extração da verniculita, que também era usada para a agricultura, a Eucatex passou a desenvolver pesquisa agrícola, passando a vender terras enriquecidas com verniculita e posteriormente turfa, extraída de minas próprias. Tornou-se um dos grandes fornecedores brasileiros, não somente para suas florestas de eucalipto, como para outras agroindústrias, tais como a de tabaco.

Com uma orientação estratégica para a integração vertical dos processos, a Eucatex, além de diversificar seus produtos para a área de materiais de construção (divisórias, forros, portas, telhas, pisos laminados), iniciou a fabricação de tintas necessárias a seu processo produtivo. Posteriormente passou a comercializar seu excedente de produção de tintas para o mercado interno. A empresa possuía, em 2000, cinco fábricas no interior do estado de São Paulo, além de 52 mil hectares de florestas próprias de pinus e eucaliptos.

Desde o seu início a empresa voltou-se para o mercado externo, começando com a comercialização de forros. Abriu escritórios comerciais na Argentina e no México, nos EUA e na Alemanha, sendo que os dois primeiros foram posteriormente fechados.

O Processo de Internacionalização da Empresa

O início do processo de internacionalização da Eucatex decorreu do espírito empreendedor do dono da empresa, Roberto Maluf, que viajava freqüentemente para o exterior com o propósito de abrir novos mercados. Foi ele o responsável pela abertura dos primeiros escritórios no exterior: um no México, outro na Argentina.

Como testemunha e posteriormente agente do processo de internacionalização, o entrevistado atestou a rápida expansão para mercados os mais diversos, já nos primeiros anos de vida da empresa, e em uma época em que não havia as facilidades de comunicação e movimentação que surgiriam posteriormente. Em 1974, a empresa já vendia para o Oriente Médio, para quase toda a América Latina e para os Estados Unidos e, logo a seguir, ingressou no mercado europeu. Por volta de 1977, a empresa ampliou sua atuação no mercado americano. "Aí, uma das missões que eu tinha era abrir o resto do mundo."

O caráter exploratório do esforço para abrir novos mercados, sem um preparo ou uma pesquisa adequada para definição dos mercados-alvo, fica caracterizado pela forma como se faziam os contatos comerciais neste período:

> *"A gente comprava o Directory, esses livros que têm endereços, nomes de companhias. O que tinha, a gente comprava e soltava cartas. Mandava carta para tudo quanto é canto do mundo. Separava alguns países do mundo onde havia interesse em abrir o mercado e começava enviando milhares de cartas. Com o tempo, fomos ganhando experiência: de cada cem cartas, talvez dez fossem aproveitadas, talvez dez virassem pedido. Com o tempo, com o telex, ou mesmo a carta, passamos a entender qual era a psicologia do negócio, o que não ia dar e o que ia realmente virar negócio. O modo pelo qual a pessoa abordava... Vinham milhares de telex do mundo inteiro. Vinham cartas do mundo inteiro, aos montes. E o pessoal até reclamava: 'Estamos gastando mil dólares de cartas por mês, mil dólares de correspondência'. Mas era justamente o que havia na época, era a Internet da época. E funcionava. Abrimos assim o mercado em muitos lugares."*

As dificuldades para o atingimento dos mercados mais distantes tinham toda a sorte de características, desde a movimentação de pessoas e a comunicação até o estabelecimento de uma rede logística para a distribuição dos produtos. O trabalho de abertura de mercados era, essencialmente, um trabalho artesanal, de contatos pessoais, inúmeras e cansativas visitas, que se faziam por todo o tempo, particularmente quando a empresa lidava com os mercados do Oriente Médio e da África.

No entanto, o pioneirismo no atendimento aos mercados externos e a opção por ter uma cobertura geográfica extremamente dispersa colocaram a empresa frente a novos desafios, em relação à logística e aos processos de comercialização. Um dos grandes problemas vividos com a exportação era o transporte marítimo, uma área onde o Brasil era muito deficiente. Como uma das pioneiras na exportação de manufaturados, a empresa viu-se obrigada a enfrentar a questão da deficiência de navios adequados para exportar seus produtos.

A Eucatex, à época, foi forçada a assumir papel de liderança entre os exportadores, de modo a obter uma solução para os problemas de frete marítimo. Essa solução passou por uma interferência direta do governo brasileiro junto à estatal Lloyd Brasileiro e à Companhia Paulista de Navegação, que se uniram para solucionar o problema e viabilizar o transporte para esses mercados, inaugurando uma linha para o Oriente Médio.

A outra questão, no entanto, que reduzia a competitividade da empresa, referia-se ao custo elevadíssimo dos fretes, o que, no caso da Eucatex, era ainda mais grave, pois seus produtos tinham muito volume: "...fretes horrorosos... trezentos, quatrocentos dólares a tonelada por isolante. Hoje, eu pago quarenta."

> *"Era um terror. As companhias de navegação tinham conferências de fretes, ou seja, máfias de fretes. Ainda existem tais conferências. Mas aí, como é que a gente podia quebrar isso? Então eu descobri que havia uns famosos* outsiders *ou* tramp ship companies, *ou seja, seriam os não conferenciados, que cobravam menos. Mas o cliente não queria: 'tem que ser por companhia conferenciada, porque se não eu não tenho segu-*

rança'. ...Então, nós fizemos miséria. Embarcamos em tudo quanto é navio: navio frigorífico, que não é embarcação indicada, mas tinha às vezes alguma área de carga."

As dificuldades para servir os mercados externos tinham também importantes componentes culturais. A distância cultural se expressava, entre outras coisas, na falta de conhecimento dos sistemas de leis e costumes de cada sociedade, e isto implicava a escolha de agentes com experiência em determinadas regiões, que pudessem ser envolvidos no processo, de forma a intermediar e traduzir os requisitos para participar deste mercado. Às vezes, a distância cultural se expressava em resultados favoráveis advindos de situações em que as expectativas não eram favoráveis, como no caso a seguir:

"Eu tenho um russo, que mora nos EUA, ficou muito meu amigo. Eu não acreditava que um russo fosse comprar um produto meu. Pensei: 'Não sei se ele vai comprar, deve ser piada, vou dar corda'. Mas comprou. Comprou e compra..."

À medida que se expandia, a empresa buscava equilibrar as situações de demanda do mercado doméstico e dos mercados externos. No entanto, apesar de obter maior lucratividade no mercado doméstico, e considerando todo o esforço investido no desenvolvimento dos mercados externos, a empresa prosseguia reafirmando sua decisão de internacionalização. As flutuações de demanda de um mercado doméstico mais lucrativo exigiram da empresa a ratificação de sua opção pela internacionalização via revisão de seu plano estratégico de investimentos.

O fato de atuar em mercados tão dispersos e geograficamente distantes servia a uma estratégia para obter uma certa estabilidade do nível de vendas e uma válvula de escape para eventuais crises regionais, o que tornaria a empresa imune às crises econômicas mundiais:

"A vantagem que você tem é que um país está em crise, mas o outro não está em crise. Sempre tem algum país que está bem.

Tem um que está mais ou menos, tem um que está muito mal, mas sempre se vende. Então, a coisa mais importante da exportação é que permite que a empresa não fique vítima de um mercado, algemada num mercado só. Se ficar totalmente voltada para o mercado interno, a empresa corre o risco de ser asfixiada, ao passo que a exportação dá o oxigênio de que você precisa."

O Investimento Direto no Exterior

Com vistas a estruturar melhor o processo de comercialização no exterior, a empresa sentiu a necessidade de estabelecer maior presença nos mercados mais promissores. Assim, a partir da década de setenta, a Eucatex criou os primeiros escritórios próprios, como ocorreu no caso do mercado americano. Nos EUA, a Eucatex iniciou-se com um pequeno escritório na casa de um representante de vendas. Por volta de 1975, o escritório foi estabelecido em Nova Iorque, sob a marca Interboard: "Tinha o Interboard da Holanda, e tinha o Interboard de Nova Iorque... Um era para abrir o mercado da Europa, o outro para abrir o dos Estados Unidos."

A estruturação das operações no exterior tinha um caráter empreendedor muito forte, com todo o trabalho dependendo de pessoas escolhidas para desempenhar uma missão, que era a de abrir os mercados externos:

"A gente tinha um diretor que estruturou tudo, a estrutura de comércio exterior da Eucatex lá fora, que mal falava português. Não falava nada de inglês. Foi ele que achou o nosso funcionário lá nos Estados Unidos e colocou esses dois na Europa e na Ásia e que me mandou também para Londres."

A abertura do escritório em Londres foi feita pelo próprio entrevistado, a partir de uma conversa com o diretor responsável pela área internacional:

"Bom, fomos acertando assim os negócios em várias partes do mundo. Mas chegou uma hora em que ficou muito difícil

prosseguir só com viagens, porque tínhamos muitos clientes árabes, muitos clientes africanos. ...Um dia, o diretor me disse: 'Estamos vendendo para a Nigéria um milhão de dólares por mês, precisamos ter um escritório na Nigéria'. E eu respondi: 'Não, você está enganado. Quem vende para a Nigéria, vende para os outros lugares, são multinacionais, que têm escritório na Europa, entre Londres e Paris'. E ele me disse: 'Então veja a possibilidade de colocar um escritório em Londres.' Fui para Londres em 1981 avaliar, mas achei que o pessoal aqui no Brasil não tinha estrutura suficiente para me dar o apoio necessário. Pensei: 'Eu vou me queimar aqui. Deixa eu maturar isso'. Em 1985, senti que era a hora. Aí, fui para Londres para tentar trabalhar a África e o Oriente Médio. Fiquei cinco anos em Londres para tentar ficar próximo dos clientes, fazendo viagens mais curtas."

As pessoas que atuavam no exterior, funcionários da empresa ou agentes, não eram escolhidas por terem bagagem internacional anterior, nível cultural ou proficiência em língua estrangeira. O processo de escolha das pessoas e, em decorrência, dos locais e mercados para estabelecer as representações era baseado na *network* pessoal do corpo executivo da empresa.

Não havia pesquisa de mercado ou procedimento formal por trás da escolha do local, que não fosse a conveniência das relações pessoais com alguém considerado de confiança pelo corpo executivo da empresa. As relações de amizade podiam interferir em vários aspectos do processo, como a escolha da localização:

"Em 1976, nós abrimos um escritório em Hong Kong. Em Hong Kong, tínhamos um alemão – ainda temos esse alemão – casado com uma tailandesa, ele conhecia bem a região. Foi para lá. Mas a vida em Hong Kong era muito difícil. Aí, nós mudamos para Singapura. Só que ali, naquela área da Ásia, só se vendia praticamente isolante, alguma coisa assim de forro acústico. E estava difícil para a gente sobreviver ali só com aquelas vendas, para pagar as despesas dele."

Esta forma de estruturação das operações no exterior estava ligada à primeira etapa do processo de abrir mercados, onde as relações pessoais foram muito importantes para o estabelecimento da confiança necessária às relações comerciais:

> *"E já tinha uma parte da Europa que estava meio abandonada, não se vendia nada na Alemanha; o nosso gerente aqui do escritório era holandês, e alemão não se dá bem com holandês. Na Itália também não se vendia nada. Na Suíça e na Áustria não se vendia nada. Então, o que fizemos? Colocamos o escritório em Cingapura e colocamos um agente nosso na Itália, cuidando da Suíça, da Áustria e da Itália. E então, realmente, a coisa começou a crescer."*

O uso de *networks* pessoais fica bem claro no caso das escolhas dos responsáveis pelo que seriam posteriormente os dois principais escritórios de comercialização da empresa no exterior:

> *"Como surgiram os escritórios que temos hoje? Eu diria o seguinte: de maneira muito informal... Não teve nenhuma escolha técnica. Foi colocado ali por desafio. Na Alemanha era um agente de compras de uma empresa chamada ..., que, pelo nome, era uma empresa alemã, que vendia aço. Como ele vendia aço, surgiu espaço para vender outras coisas. Então, ele se tornou um representante da Eucatex. Um belo dia ficou desempregado. E, o meu antigo chefe – bem, o pai dele era alemão, ele falava até um alemão antigo, um alemão arcaico – era ele quem conhecia esse alemão. Aí ele disse para o alemão: 'eu estou precisando de uma pessoa, você não quer trabalhar para a Eucatex?' Então ele chamou o alemão, como depois chamou o holandês, que também estava desempregado. Ele era um engenheiro agrônomo, estava desempregado, aí foi colocado no escritório da Eucatex."*

> *"Agora, o rapaz de Atlanta ele era um conhecido meu... Um belo dia, ele ficou desempregado. Aí meu chefe sugeriu: 'vem trabalhar com a gente'. ...Ele cuidava do hemisfério norte, eu cuidava do hemisfério sul. Depois mudei minha função para marketing, e ele ficou com o mundo todo. Ficou mais ou me-*

nos um ano. Mas, depois de um tempo, ele não estava mais satisfeito com o trabalho... Achamos que seria oportuno dar esse desafio para ele. Mandamos ele para os Estados Unidos e transformamos nosso pessoal lá do escritório em representantes para algumas áreas nos EUA e esse rapaz não se ocuparia dessas áreas. Depois, o escritório em Atlanta ficou com toda a América do Norte e o Caribe e a América Central."

O modo de atuação em determinado mercado era definido pelo conhecimento adquirido, pela facilidade de compreensão do mercado e de obtenção de informações. Quanto mais fácil o fluxo de informações, menor a presença física da empresa, dada a facilidade de controle das operações. Deste modo, a empresa utilizava como forma de conhecimento de um mercado a exposição direta através do estabelecimento de uma filial ou subsidiária:

"...talvez naquelas áreas em que não entramos, nas antigas repúblicas da Rússia, na Europa Oriental, como a gente não conhece quase ninguém lá, talvez fosse necessário instalar um escritório... Aí, sim. Mas nos países do mundo que já conhecemos bem, sabemos quem é quem, as pessoas, os nossos concorrentes, os distribuidores... Não sei, não sei por que precisaríamos ter um escritório lá."

Os motivos que exigiram que se estabelecessem escritórios ou filiais para comercialização de produtos decorriam da necessidade de maior controle sobre o que acontecia. À medida que as relações de confiança eram estabelecidas e se criavam instrumentos de controle necessários ao gerenciamento a distância, a presença física da empresa no local não era mais percebida como necessária. Este processo de aprendizado, criação de vínculos e contatos iria culminar, posteriormente, no desinvestimento, por parte da empresa, de diversos escritórios próprios, substituídos por agentes comerciais, através de um processo ativo de seleção. "O escritório de Londres fechou por quê? Porque eu consegui montar uma infra-estrutura de distribuição que não precisava de escritório, eu podia tocar daqui."

O avanço dos modernos meios de comunicação e controle das operações à distância levaria, em futuro próximo, ao fim da necessidade de filiais no exterior para o gerenciamento da rede de agentes e a centralização das operações comerciais. No entanto, o entrevistado não descartava a possibilidade de investimento direto no exterior, com a criação ou aquisição de unidades produtivas, que deveriam ser localizadas segundo um critério de risco de instabilidade política e econômica.

A experiência acumulada durante o desenvolvimento dos mercados externos, aliada a uma estrutura interna à empresa mais amadurecida, casavam com o surgimento de uma nova geração de integrantes do corpo executivo, mais preparada para lidar com a extensa gama de países atendidos pela Eucatex. Os executivos mais antigos eram chamados, então, a transferir seu conhecimento dos mercados e das pessoas a essa nova geração.

O mesmo apoio era dado aos que conduziam os escritórios da empresa no exterior. Procurava-se transferir os elos pessoais previamente estabelecidos a esse chefes de escritório no exterior, para que pudessem mais facilmente realizar os seus negócios, particularmente naqueles mercados onde as relações pessoais pudessem ter papel importante na condução dos negócios: "Se há alguma dificuldade, eu dou uma mãozinha, porque eu morei cinco anos lá, conheço todo mundo."

Este acúmulo de experiências externas se refletia em melhorias nos processos internos da empresa, tornando-a mais competitiva no cenário internacional e mais bem preparada para lidar com a concorrência no mercado doméstico. A própria escolha das localizações para os escritórios começava a obedecer a critérios mais racionais, como parte de uma intenção central para obtenção de melhores resultados.

O contato com o mercado e a competição internacionais trouxe a necessidade de adequação a normas internacionais e a exposição a formas de atuação e gerenciamento da empresa que forçaram uma evolução. Esta evolução colocou a empresa em um patamar de qualidade que lhe deu maior segurança para lidar com novos mercados e uma percepção de domínio sobre a atuação no comércio exterior.

O entrevistado deplorou a ausência de uma mentalidade exportadora no país, atribuindo essa carência, em parte, à atratividade do mercado doméstico. Para ele, enquanto outros países viam oportunidades imensas no mercado externo, o Brasil ainda engatinhava na atividade exportadora:

> *"Nem todo mundo enxerga isso. [O Brasil] está enxergando isso, eu diria que tardiamente. Aliás, você vê o número de empresas que está no Brasil e você vai ver que só tem uma elite de 300 empresas exportadoras. Agora, você vai em Taiwan, tem 20 mil empresas exportadoras. É impressionante...Taiwan é do tamanho da Ilha de Marajó e não tem nem matéria-prima. Então, o Brasil ainda está muito cru."*

A própria Eucatex teria sofrido, por muitos anos, desta falta de mentalidade exportadora e abertura para os mercados externos:

> *"Fomos muito prejudicados porque o pessoal da nossa empresa olhava muito para o próprio umbigo e só via estritamente o mercado interno. Exportação era, assim, um* hobby. *Quando eu entrei na Eucatex, exportação era vista como um brinquedo do presidente. Hoje é uma coisa séria. Hoje é importante, temos compromissos em mais de 80 países do mundo. A exportação traz muita novidade, a gente traz muita coisa nova para o mercado interno através da exportação. Mas só que no passado, até a década de 90, a coisa era olhada assim: 'o mercado interno é mais importante, o mercado interno paga mais'. Mas hoje é diferente, a exportação é importante, temos que estar presentes onde for possível e as exportações têm trazido muita coisa nova para a empresa."*

Estrutura para a Ação Internacional

A estrutura da empresa para a ação internacional parece ter passado por duas etapas bastante distintas. Em uma primeira etapa, a empresa parece ter-se estruturado através de escritórios próprios, com o intuito de abrir mercados externos. Progressivamente, à medida que a experiência se consolidava, a estrutura de comercialização ia se profissionalizando e ganhando uma estratégia de gestão, com áreas de atuação, papéis e responsabilidades melhor definidos:

> *"O escritório cuida das vendas, ou seja, o gerente, os assistentes, eles viajam para todos esses países, vêem as necessidades dos clientes e procuram administrar essas vendas. As outras áreas não cobertas pelo escritório, normalmente, têm uma rede de agentes ou representantes. ... Enfim, cada área tem gente. Nós devemos ter uns quarenta ou cinqüenta agentes."*

O escritório de Glinde, na Alemanha, tinha como responsabilidade os mercados da Europa, Ásia e Oriente Médio. O escritório de Atlanta, nos EUA, atendia a América do Norte, a América Central e o Caribe. O escritório de São Paulo, por sua vez, era responsável pela América do Sul e África.

Uma vez conquistados os mercados externos, passou-se a utilizar agentes em áreas anteriormente de responsabilidade do escritório próprio, sendo em alguns casos desativados os escritórios próprios e, em outros, mantidos, porém mais para coordenação de atividades.

A atuação se dava fundamentalmente através de pessoas locais. No escritório de Atlanta, porém, a experiência relatada é um pouco diferente, com o envio de um brasileiro para dirigir o escritório, que passou a chamar-se Eucatex of North America. A colocação de um brasileiro deveu-se ao fato de os antigos gerentes americanos terem-se acomodado, dando pouco dinamismo à operação. Já o escritório da Alemanha era dirigido pelo executivo alemão, que tocava o negócio juntamente com seus dois filhos.

É curioso observar que, apesar da ampliação da atuação da empresa para novos mercados, houve, efetivamente, na matriz, uma redução do pessoal ligado às atividades internacionais. Isso se deveu, em grande parte, à racionalização e terceirização das atividades. Por outro lado, devido à transferência eletrônica de fundos e de documentos, muitas das atividades burocráticas que antes consumiam quantidade enorme de tempo dos empregados na área internacional foram sendo simplificadas, acabando por serem realizadas de forma totalmente eletrônica: "Então, a idéia ...é 'eletronizar' tudo, desde a venda da exportação, ... até o desembarque das mercadorias, tudo eletrônico."

A formação dos dirigentes dos escritórios era basicamente em Administração de Empresas. Para o entrevistado, o perfil desejado de um executivo na área de Comércio Exterior, para ocupar um cargo de alta gerência, incluiria uma formação em Economia, Administração de Empresas e Comércio Exterior, e domínio de dois ou três idiomas estrangeiros.

ANÁLISE DOS CASOS

Características das Empresas Estudadas

As três empresas tiveram uma trajetória marcada por diversas semelhanças. Foram fundadas há cerca de 50 anos ou mais e, portanto, caracterizam-se por um razoável período de consolidação até os dias de hoje. Nasceram como empresas familiares, de forte cunho empreendedor, característica que iria marcar o seu processo de internacionalização.

Duas das empresas estudadas caracterizam-se pelo fato de a família proprietária descender de imigrantes, que se estabeleceram no Brasil por ocasião das fortes correntes migratórias da primeira metade do século passado, tendo como pano de fundo as duas grandes guerras mundiais e as oportunidades do novo mundo. Nestes dois momentos – as décadas de 1930 e 1950 – o cenário econômico mundial era de crise, quer pela quebra da Bolsa de Nova Iorque, quer pela devastação causada pela Segunda Guerra Mundial. No Brasil, era necessária a criação de condições de fornecimento de diversos bens antes importados, já que os principais países exportadores mundiais estavam totalmente voltados para suas crises domésticas. Este cenário gerava um ambiente pleno de oportunidades para empreendedores e a chegada de imigrantes vinha preencher a lacuna de mão-de-obra especializada. Traziam consigo, ainda, experiências vividas em outros países onde tecnologias mais avançadas eram utilizadas na produção de bens e serviços que, ou não eram produzidos ainda no Brasil, ou o eram de forma rudimentar. Os imigrantes eram, portanto, portadores de experiência e *know-how* que tornavam natural que, ao chegarem em sua pátria de adoção, se tornassem empreendedores.

Como empresas familiares, estavam sujeitas a uma série de limitações que afetava sua gestão: a centralização das decisões e a dependência do perfil de liderança do dono; a necessidade de controle pessoal ou familiar da gestão, que reduz a possibilidade de formação de quadros gerenciais profissionais que possam administrar a expansão da firma; as questões ligadas à sucessão, com forte impacto em empresas com 50 anos ou mais de existência; dificuldades de financiamento ligadas ao problema de abrir mão do patrimônio da família em prol do crescimento; limites confusos entre ativos da companhia e da família; todos estes fatores seriam determinantes no desenvolvimento das empresas. No entanto, embora não se distanciassem do modelo de empresa familiar, a evolução das empresas estudadas ocorreu no sentido de busca de uma profissionalização da gestão, característica enfatizada pelos entrevistados. Tal profissionalização se deu principalmente pela necessidade de abertura de capital como forma de captação de recursos que financiassem seu crescimento, tanto no mercado interno quanto no externo. Neste sentido, o caso da Duratex é exemplar, com o crescimento sendo feito basicamente por aquisições, apoiadas primeiramente pelo grupo controlador

(Itaúsa, do qual faz parte o banco Itaú), e posteriormente pela abertura do capital.

Características dos Processos de Internacionalização

As três empresas estudadas fizeram algum movimento de internacionalização nos seus primeiros anos de vida, atendendo às mais diversas motivações. Em todos os casos, a internacionalização se desenvolveu até o estágio de investimento direto em outros países, sendo este investimento direto, no mínimo, o estabelecimento de escritórios próprios de comercialização no exterior. Seu repertório de modos de entrada incluiu desde exportação direta, via agentes ou distribuidores, até o estabelecimento de unidades de fabricação no exterior.

Seqüência de Estágios no Processo de Internacionalização

De modo geral, os casos das três grandes empresas brasileiras estudados não sustentam a idéia de uma seqüência rígida e linear de passos no processo de internacionalização, de modos de entrada mais indiretos, para modos de entrada mais diretos, como postulam as teorias comportamentais de internacionalização.

Considerem-se, a título de exemplo, os principais passos seqüenciais da Romi em seu processo de internacionalização:

- antes de 1944, a empresa importava insumos para fabricação de seus produtos, tanto da Alemanha quanto da Itália;
- em 1944, a empresa iniciou suas exportações para a Argentina;
- em 1956, através de parceria com uma empresa italiana, produziu o primeiro automóvel no Brasil;

- na década de 1960, iniciou exportações para os EUA;
- em 1985, abriu sua primeira filial de distribuição nos EUA;
- em 1986, adquiriu tecnologia de uma empresa japonesa;
- em 1992, abriu uma filial de distribuição na Argentina;
- em 1994, abriu uma filial de distribuição no Uruguai;
- em 1997, licenciou tecnologia a uma empresa européia;
- em 1998, adquiriu tecnologia de uma empresa alemã;
- em 2000, estava abrindo uma filial de distribuição na Alemanha.

Ao mesmo tempo em que abria filiais de distribuição em certos países, a empresa prosseguia entrando em novos mercados para exportação, utilizando sua rede de distribuidores. Por outro lado, a abertura de filiais de distribuição parecia estar mais associada a um certo volume de transações nos mercados próximos do que, efetivamente, a uma seqüência linear de passos. Além disso, um aspecto característico do processo de internacionalização da Romi é a forte ligação entre a internacionalização para dentro e a internacionalização para fora.

O caso da Duratex tampouco sugere aderência à idéia de uma seqüência linear de estágios. Observem-se os principais passos da empresa em sua internacionalização:

- em 1956, apenas dois anos após a sua fundação, a empresa iniciou as primeiras atividades internacionais, exportando para os EUA;
- em 1969, abriu uma filial de vendas naquele mercado;
- na década de 1970, adquiriu uma fábrica na Alemanha;
- na década de 1980, abriu uma subsidiária de distribuição na Bélgica;
- na década de 1990, vendeu a fábrica na Alemanha;
- em 1995, adquiriu o controle integral de uma fábrica argentina.

A empresa se manteve exportando durante todo o período, utilizando, em certos mercados, agentes locais e, em outros, filiais de distribuição próprias. A seqüência de passos na internacionalização não segue, portanto, aquela prevista pelo modelo comportamental: a empresa passa da exportação para a abertura de escritório no exterior, e, em seguida, parte para o investimento direto, através de aquisição de planta no exterior, prossegue com a abertura de filiais de distribuição, fecha a fábrica no exterior, compra outra fábrica em outro país e continua a exportar durante todo o tempo. Esse padrão, definitivamente, não se ajusta ao modelo seqüencial de internacionalização.

A Eucatex, por sua vez, concorre diretamente com a Duratex, tanto no mercado brasileiro quanto no internacional. No entanto, seu padrão de atuação internacional difere substancialmente da concorrente. De fato, a Eucatex apresentou a seguinte seqüência de internacionalização:

- na década de 1960, a empresa já exportava para vários países, inclusive para o Oriente Médio e tinha aberto escritórios comerciais na Argentina e no México;
- na década de 1970, exportava para a África;
- na década de 1970, abriu escritório nos EUA e em 1975, transferiu para Nova Iorque;
- em 1975, começou a exportar para a Europa;
- ainda na década de 1970, abriu um escritório na Holanda;
- em 1976, abriu um escritório em Hong Kong;
- em 1977, intensificou as atividades de exportação para os EUA;
- a seguir, mudou o escritório de Hong Kong para Singapura;
- em 1985, abriu um escritório na Inglaterra;
- em 1990, fechou o escritório na Inglaterra e passou para representantes;
- em 2000, tinha apenas os escritórios dos EUA e Alemanha.

No caso da Eucatex, a empresa iniciou suas atividades com escritórios de venda próprios e, posteriormente, começou a atuar através de agentes. O padrão seqüencial, nesse caso, foi invertido: primeiro os escritórios, que normalmente são vistos como um estágio mais avançado; depois os agentes, que substituíram os escritórios, quando a empresa já havia adquirido uma boa experiência naqueles mercados e estabelecido sua *network* de relacionamentos pessoais. Também neste caso, portanto, não se identificaram os padrões seqüenciais defendidos pelas teorias comportamentais de internacionalização.

Escolha de Mercados e Distância Cultural

Procurou-se estudar também em que medida a escolha de mercados privilegiou aqueles com menor distância cultural para, posteriormente, chegar a outros de maior distância cultural, como proposto pelo modelo comportamental e apoiado por evidências de vários estudos, tanto no Brasil quanto no exterior. A Romi, que entrelaça a internacionalização *inward* com a *outward* em todo o processo, iniciou as exportações pela Argentina, mas licenciou tecnologia para a Europa e realizou seu primeiro investimento direto nos EUA, a que se seguiram investimentos na Argentina, Uruguai e Alemanha. Já a busca de tecnologia no exterior iniciou-se pela Alemanha e Itália, seguindo-se o Japão.

Atendo-se exclusivamente às exportações, uma vez que essas se iniciaram por um dos países considerados mais próximos culturalmente do Brasil e geralmente considerado como foco privilegiado das operações brasileiras no exterior, poder-se-ia reconhecer aí a pequena distância cultural como elemento de redução de risco. No entanto, a escolha subseqüente do mercado europeu para licenciamento de tecnologia da Romi, os investimentos diretos iniciados nos EUA, assim como todos os movimentos de internacionalização *inward* com países culturalmente distantes do Brasil, proporcionam evidências contrárias à teoria da distância cultural. Deve-se salientar, porém, que, dada a origem italiana do fundador da empresa, o mercado europeu e, em particular, a Itália, deveriam ser para ele, em muitos aspectos, mais próximos culturalmente do que a Argentina.

Fica claro, porém, através das entrevistas, que os executivos da Romi tinham uma representação dos mercados servidos a partir de modelos de risco e potencial de mercado. Para a empresa, a Argentina, assim como toda a América Latina, representava um risco de não cumprimento de contratos. Já os EUA e a Europa eram considerados mercados de baixo risco e grande potencial comprador, mais exigentes quanto às características do produto, conteúdo tecnológico e qualidade.

A escolha dos EUA para investimento direto se deu com vistas à consolidação de um mercado que fora o principal mercado exportador da empresa. No caso da Argentina e do Uruguai, a percepção era de que, na verdade, se tratava de uma extensão do território nacional, um investimento pequeno e importante por causa do momento de integração regional proporcionado pelo Mercosul. A criação de uma tarifa comum para proteção dos mercados do Mercosul em relação à concorrência estrangeira e as oportunidades existentes no novo bloco econômico levaram a empresa ao estabelecimento de filiais de distribuição nestes dois países. No caso da Alemanha, finalmente, este mercado era caracterizado como grande consumidor do produto e elevado nível de concorrência, devendo-se sua escolha, também, à configuração geográfica da Europa: "[A Alemanha] se encontra mais ou menos no centro da Europa, permitindo que se faça um acompanhamento de todos os demais países da Comunidade Européia". A decisão, tal qual nos EUA, era de manter-se próximo a centros consumidores relevantes. O investimento na Alemanha significava, ainda, para a Romi, uma aposta na abertura de um mercado de grande potencial e que se encontrava em fase de expansão.

De modo geral, a questão da proximidade cultural, em relação à escolha de mercados, parecia ser cada vez menos importante à medida que a empresa acumulava experiência e era capaz de estabelecer vínculos satisfatórios com cada mercado. A intermediação do distribuidor talvez explicasse a falta de uma seqüência natural do avanço do mercado menos distante para o mais distante: "Ele [o distribuidor] é o interlocutor nosso para aquele mercado... são pessoas que têm capacidade de conversar conosco e também conversar com o mercado". Para mercados considerados mais distantes culturalmente, a empresa condicionava sua entrada a encontrar um agente ou distribuidor que atendesse às suas expectativas e pudesse desenvolver o mercado.

A Duratex iniciou o seu processo de internacionalização ainda na década de 1950, com característica fortemente *outward*. Sua seqüência de mercados incluiu o início das exportações nos EUA, onde também se deu a primeira experiência de investimento direto. Outras experiências de investimento direto incluíram Bélgica e Argentina. Desde 1969, a empresa já mantinha uma estrutura física própria para distribuição nos EUA e nos anos 80 estabeleceu estrutura semelhante na Europa. O foco das exportações da empresa estava concentrado na América Latina, EUA e Europa.

Aparentemente o comportamento da Duratex era pouco planejado, direcionado pelo aparecimento de oportunidades de aquisição. A questão da distância cultural não era determinante nas decisões de escolha de mercado. Os investimentos na Europa e nos EUA eram guiados, por um lado, pelo potencial do mercado e, por outro, pela necessidade de consolidar uma posição: "Tendo escritório em lugar estabelecido, ganha-se credibilidade..." Por outro lado, estes mercados eram mais desenvolvidos em tecnologias de manejo ecológico das matérias-primas, o que obrigava a empresa a se desenvolver também nessa área, fundamental para seu sucesso a longo prazo.

Entre os mercados americano e europeu, a escolha da seqüência se deu por uma percepção de distância geográfica, sendo o mercado americano visto como mais próximo do que o europeu. Esta percepção podia dever-se, ao menos em parte, ao custo comparativo de frete, que não era somente função de distância, mas também de nível de carga. Como os transportes para o mercado americano operavam com nível de carga mais elevado (e portanto com frete mais barato), é possível que se tenha criado uma percepção de menor distância geográfica.

Outros mercados latino-americanos eram encarados com reservas, fosse pela questão da criminalidade (Colômbia), fosse pela questão da instabilidade econômica (Argentina). No entanto, o cenário na Argentina em 1995 era bastante diferente, com oportunidades promissoras. E para servi-lo, "...você tinha que estar lá entendendo [o mercado], você tinha que estar presente fisicamente lá, se não o argentino olha você com desconfiança". O investimento na Argentina foi feito para consolidação do mercado, aproveitando as oportunidades do bloco econômico do Mercosul.

No caso da Eucatex, não se caracterizou uma aproximação do mercado pela ótica da distância cultural, dado que a forma inicial de acesso foi totalmente aberta, escolhendo "...alguns países do mundo onde havia interesse em abrir o mercado, e ... enviando milhares de cartas". E que países eram estes? Os do Oriente Médio, da América Latina, os EUA, e, posteriormente, os países da Europa.

A abertura de mercados dependia em grande parte da ação do dono da empresa em um primeiro momento, e do grupo de executivos mais graduados em um segundo momento. Estas pessoas se encarregavam pessoalmente de criar contatos com clientes e posteriormente com agentes que iriam servir aos mercados. Os contatos quase sempre partiam da *network* pessoal do corpo executivo da empresa e a existência de um bom contato, ou de um bom agente, era o suficiente para passar a servir esses mercados: "Eu tenho um russo, que mora nos EUA, ficou muito meu amigo. Eu não acreditava que um russo fosse comprar um produto meu". As amizades e relacionamentos pessoais pareciam funcionar claramente, nesse caso, como moderadores da distância cultural.

Padrão de Comprometimento com os Mercados Externos

No caso da Romi, a vocação internacional da empresa, manifestada desde a sua fundação e atribuída em grande parte à origem estrangeira de seu fundador, levou a que a empresa, desde muito cedo, participasse de diversas formas de internacionalização *inward* – importação de matéria-prima e componentes, licenciamento de tecnologia, parcerias de produção – e da internacionalização *outward*, inicialmente por meio de exportações. Como observou o executivo entrevistado na Romi, a experiência vivida pela Romi levou a "um conhecimento acumulado", "uma capacitação acumulada, uma cultura acumulada", que permitiu à empresa e a seus executivos não se sentirem estranhos em qualquer parte do mundo. A experiência, enfim, reduziu a distância cultural e permitiu a acumulação de *know-how* gerencial.

Outro aspecto desse processo de aquisição de experiência internacional, na Romi, refere-se ao fato de serem muitos os executivos envolvidos em viagens internacionais, o que tornou maior a difusão dessa experiência na empresa: "Nossos profissionais viajam constantemente para o exterior ...", o que se refletiu em "um volume de visitas muito grande ao exterior".

A padronização dos produtos – a criação de produtos mundiais – também auxiliou o avanço do processo de internacionalização da empresa, permitindo o ingresso em novos mercados com apenas pequenas adaptações. De certo modo, a opção por produtos mundiais refletia a irreversibilidade do processo de multinacionalização da Romi e seu profundo comprometimento com o mercado global. Não só o produto era mundial, como o cliente, na opinião do entrevistado, era também global: "Não vemos diferença entre um cliente alemão e um cliente brasileiro hoje em dia", significando com isso a fé da empresa em sua vocação multinacional e uma visão integrada, possivelmente geocêntrica, de seus mercados de atuação.

No caso da Duratex, porém, não se pode falar de envolvimento crescente com o mercado internacional. De um início fortemente marcado por uma vocação exportadora, a empresa, de forma bastante pioneira, ingressou rapidamente em mercados externos, encontrando-se há trinta anos no mercado americano e há vinte anos no europeu. Muito cedo ela adquiriu e operou uma fábrica na Alemanha, mas essa operação nunca chegou a se integrar realmente a seu negócio. A expansão dos negócios foi, em parte, cerceada na década de 1990, com o processo de abertura e estabilização da economia. Com o Plano Real, a empresa progressivamente reduziu seu envolvimento com a exportação, já que as vendas no mercado interno eram muito mais lucrativas do que nos mercados internacionais e a sobrevalorização do Real reduzia a competitividade das exportações brasileiras. Assim, a empresa, efetivamente, reduziu seu comprometimento com mercados externos no decorrer da década de 1990, o que foi acompanhado pela venda da fábrica na Alemanha.

A redução do comprometimento com mercados externos, no entanto, era vista com cautela, tanto pela vocação internacional da empresa desde sua fundação, como pelo fato de a exportação ser percebida como oportunidade. A entrevista realizada revelou, claramente, o conflito da direção da empresa ao se ver forçada a escolher entre maiores lucros no mercado interno ou o conhecimento já obtido e as oportunidades no mercado externo: "nós estamos diminuindo nossa presença lá fora, porque o mercado interno é muito mais lucrativo..." e "o mercado externo é sempre uma oportunidade, mesmo porque a empresa está presente há muitos anos lá fora..." E a opção doméstica, refletindo talvez uma postura etnocêntrica: "Eu não tenho porque sair de um lugar tão bom quanto o Brasil..."

No caso da Eucatex, curiosamente, embora a empresa apresentasse um padrão seqüencial invertido (de escritórios comerciais para agentes), a entrevista deixou entrever um profundo comprometimento – e entusiasmo – com a atividade internacional. Esse entusiasmo se originou, aparentemente, da atuação do próprio presidente da empresa, na década de 1970, de tal forma que, no início, o pessoal da empresa chegou a considerar a exportação como uma espécie de "*hobby*", ou "brinquedo do presidente". A atividade internacional da empresa, porém, cresceu e se consolidou de tal forma que passou a ser vista como "coisa séria", significando "compromissos em mais de 80 países do mundo". Esse compromisso se expressou através de uma mudança de mentalidade, de um tempo em que "o mercado interno é mais importante, o mercado interno paga mais", para um novo tempo em que "a exportação é importante, temos que estar presentes onde for possível".

Sobretudo, a atividade exportadora era vista como forma de reduzir os riscos de flutuações cíclicas ou conjunturais em mercados externos. As metáforas utilizadas para mostrar a dependência de um único mercado eram, em si mesmas, bastante expressivas: "se ficar totalmente voltada para o mercado interno, a empresa corre o risco de ser asfixiada"; a empresa não deve ficar "vítima de um mercado", "algemada em um mercado só".

Efetivamente, no caso da Eucatex, fica evidente um aprofundamento da atividade internacional, assim como uma inserção da visão internacional na cultura da empresa. Tal aprofundamento parece significar aumento de comprometimento, se se considera o número de países em que a empresa operava. No entanto, se se leva em conta o fechamento de escritórios e a redução da estrutura internacional da empresa como indicadores, conclui-se, pelo contrário, que a empresa reduziu seu comprometimento.

Desenvolvimento Estrutural para a Ação Internacional

A Romi, ao longo de seu processo de internacionalização, foi fazendo mudanças incrementais em sua estrutura, de forma a responder à demanda crescente por determinadas tarefas, como a administração de *containers*, onde a empresa precisava de "...uma área de exportação, de faturamento, integrados e tudo o mais, com uma infra-estrutura adequada". As estruturas internas responsáveis pelas operações externas foram estabelecidas já a partir da década de 1940, dada a necessidade de processos internos que dessem conta das crescentes operações internacionais. As esferas de decisão dentro da empresa estavam bem definidas, de forma que cabia às gerências operacionais as operações rotineiras, assuntos fora da operação eram decididos no âmbito das diretorias, e o Conselho de Administração tomava as grandes decisões estratégicas. No caso das subsidiárias, havia razoável grau de autonomia operacional, mas um controle financeiro abrangente, feito através da elaboração de balancetes que eram analisados na matriz e anualmente por auditoria externa. A gerência comercial destas filiais era ocupada por pessoal contratado nos próprios países, a fim de garantir melhor entendimento do mercado e da cultura local.

A Duratex fazia uma distinção em suas estruturas no exterior entre os níveis de decisão e controle e os níveis operacionais. Como regra, os níveis de decisão e controle, ou o chamado corpo executivo, eram constituídos por brasileiros, enquanto o nível operacional era formado por pessoal oriundo dos mercados locais. Nas unidades de produção, isto se traduzia na alta gerência formada por executivos brasileiros, que elaboravam os planos estratégicos e prestavam contas dos resultados financeiros da filial. Já no caso das filiais de vendas, "... é um escritório de representação, não tem corpo executivo... o caixa da empresa é aqui, é tudo administrado por São Paulo". Os chamados Gerentes Comerciais tinham autonomia para tratar de assuntos operacionais da filial, enquanto os níveis de controle estavam centralizados na matriz em São Paulo. Da mesma forma, o corpo executivo das unidades de produção tinha liberdade para traçar estratégias para servir ao mercado, indo até a adaptação do produto. Em geral, os níveis de gestão das operações no exterior não eram dissociados das operações domésticas, com o setor de exportação encarregado de lidar com agentes e o nível executivo da empresa cuidando também do acompanhamento das unidades fabris no exterior.

A Eucatex mostrou, ao longo de seu desenvolvimento, uma evolução e profissionalização da estrutura interna encarregada de lidar com os negócios internacionais. Inicialmente, a área internacional era formada exclusivamente pelo dono da empresa, que, tal qual um mascate, "... viajava sozinho, com mala, carregado de amostras". A partir do início da internacionalização, em um esforço para abrir mercados, foram criados escritórios na Argentina, México, EUA, Holanda, Hong Kong (depois transferido para Cingapura). O projeto de internacionalização era um projeto pessoal do presidente da empresa.

Em um segundo momento, as atribuições relacionadas aos mercados externos foram ampliadas para outros níveis de diretoria e gerência na empresa, com o início da estrutura que viria a ser consolidada somente na última década. Assim, a empresa iria estruturar sua área internacional através de três escritórios que dividiam as várias partes do mundo, administrando contatos com agentes e a parte logística da operação.

No entanto, no decorrer do tempo, a estrutura interna responsável pelas atividades internacionais foi sendo reduzida, mesmo com o aumento das operações. Com o progresso da tecnologia de informação, o discurso da empresa era de que os níveis de controle poderiam ser centralizados, reduzindo pessoal e custos. Mas isto dependia do estabelecimento de relações de confiança com os responsáveis pelo atendimento aos mercados, isto é, agentes e distribuidores.

CONSIDERAÇÕES FINAIS

A primeira conclusão, de caráter geral, que emerge do estudo é de que as teorias comportamentais de internacionalização[1] não explicam adequadamente o processo de internacionalização

---

[1] JOHANSON, J.; VAHLNE, J.E. The internationalization process of the firm: a model of knowledge development and increasing foreign market commitments. *Journal of International Busimess Studies*, 8 (1) :23-32, 1977.

das três empresas brasileiras estudadas. Embora alguns aspectos eventualmente se ajustem aos pressupostos e padrões indicados pela teoria, isso ocorre apenas de forma tênue e esporádica.

As três empresas estudadas apresentaram, desde sua fundação, vocação internacional. No caso da Romi, uma proposta de excelência permitiu que a empresa se tornasse competitiva e pudesse levar seus produtos a mercados externos. Já no caso das duas outras empresas, Duratex e Eucatex, as vantagens competitivas locacionais, decorrentes da disponibilidade de matéria-prima abundante e barata, tornaram quase inevitável sua internacionalização.

Os passos seqüenciais na internacionalização, previstos nas teorias comportamentais, não se cumpriram. Nos três casos analisados, os padrões são bastante diferentes do padrão clássico, de passagem de formas mais simples para formas mais complexas de ação internacional. De fato, pode-se dizer que nos três casos não se observou um padrão. No caso mais próximo do modelo teórico, o da Romi, a interconexão entre internacionalização para dentro e para fora é o que chama a atenção, com a empresa ao mesmo tempo compradora e vendedora de tecnologia, importadora e exportadora. No caso da Duratex, há idas e voltas no processo de internacionalização, com a primeira filial de vendas e a primeira fábrica sendo abertas quase simultaneamente, porém em mercados distintos. No caso da Eucatex, sobretudo, há um padrão oportunista, as oportunidades vão surgindo e a direção da empresa delas faz uso para expandir sua atuação internacional. Ainda neste último caso, o padrão seqüencial invertido, de maior para menor comprometimento, choca-se com um envolvimento maior com a atividade de exportação, com a ampliação de mercados externos e com a inserção da internacionalização na cultura da empresa.

Outra proposição do modelo comportamental, associada à anterior, é a que postula um aumento do comprometimento da empresa com os mercados internacionais, resultante de maior conhecimento desses mercados, conhecimento esse adquirido muito mais na prática. Isso parece verdadeiro no caso da Romi, onde se assiste a um crescente comprometimento da empresa, a um caminhar seguro na estrada da multinacionalização, através de um reconhecido processo de acumular experiências. No caso da Duratex, no entanto, pode-se dizer que há uma redução clara do comprometimento, o que, de certa forma, parece estar associado a uma orientação mais etnocêntrica do que regiocêntrica ou geocêntrica e não apenas ao fato de as operações no mercado interno serem mais geradoras de lucro. Tal suposição parece bastante razoável quando se confronta o caso da Duratex com o de sua concorrente direta, a Eucatex. A Eucatex também se defronta com o mesmo mercado interno atraente, mas prossegue deliberadamente na trilha da internacionalização, que parece haver-se tornado, para a empresa, um imperativo categórico.

O caso Eucatex é altamente sugestivo de novas interpretações para a hipótese seqüencial, que ainda não se encontram na literatura. Haverá outros casos como esse, ou trata-se de uma situação única, de uma experiência vivenciada apenas por essa empresa? Em outras palavras, uma *network* pessoal poderá ser utilizada eficazmente para substituir o investimento direto no exterior? Ao invés de comprar ativos, é possível conquistar relacionamentos, e com isso aumentar o envolvimento internacional?

De qualquer forma, a comparação dos casos Eucatex e Duratex sugere que não necessariamente a expansão da atividade internacional leva a maior comprometimento e envolvimento. Outros fatores, como a cultura empresarial e a atratividade do mercado externo podem prejudicar o ciclo de conhecimento-comprometimento previsto na teoria comportamental.

A questão da distância cultural, cuja relevância para o processo de internacionalização ficou claramente estabelecida nos primeiros estudos de internacionalização, inclusive no Brasil[2],

---

[2] LEITE, H.M.C.B. *Afinidades culturais do executivo e a seleção de mercados externos nas empresas brasileiras produtoras de manufaturados*. Rio de Janeiro: COPPEAD/UFRJ, 1981; GRAEL, I; ROCHA, A. O processo de internacionalização de uma empresa. In: Rocha, A. (org.) *Gerência de Exportação no Brasil*. São Paulo: Atlas; Rio de Janeiro: UFRJ, 1987, pp.128-156.

e que vem sendo contestada em estudos mais recentes[3], não se evidenciou nos três casos estudados. De fato, as decisões de entrada em mercados externos não seguiram o padrão preconizado de mercados com menor distância cultural para mercados com maior distância cultural, tanto no que se refere às exportações quanto à abertura de filiais no exterior, ou mesmo à aquisição de plantas produtivas.

Finalmente, a questão da estruturação para a ação internacional traz ainda algumas novas proposições teóricas. No caso da Romi, a empresa desde muito cedo desenvolveu sua estrutura internacional e essa foi-se aprimorando de forma incremental, à medida que se expandiam as atividades internacionais. No caso da Duratex, a empresa foi-se estruturando ao longo do tempo, concentrando o nível estratégico e de controle na estrutura central e o operacional no exterior, estrutura essa condizente com sua suposta orientação etnocêntrica. No caso da Eucatex, porém, mais uma vez a realidade surpreende, ao colocar questões até o momento não identificadas em estudos anteriores. De fato, a Eucatex, à primeira vista, apresenta uma estrutura menos complexa, na fase mais avançada de internacionalização (mais uma vez, o modelo revertido). No entanto, essa maior simplicidade da estrutura internacional se justifica por dois grandes motivos: de um lado, a terceirização de atividades, que lhe permite uma estrutura mais enxuta; de outro, a adoção de tecnologias de comunicação mais modernas, que possibilitam maior controle das operações externas, reduzindo a necessidade de pessoal de escritório e do constante ir e vir de executivos. Naturalmente, isso se alia às conexões pessoais já estabelecidas, levando à hipótese de que, por detrás da simplificação das atividades poderá haver, efetivamente, um aprimoramento da estrutura internacional. Qual a dimensão em que isso poderá ocorrer com maior freqüência no futuro? É essa uma questão que o presente estudo encaminha para futuras pesquisas.

---

[3] STÖTTINGER, B.; SCHELEGELMILCH, B. B. Explaining export development through psychic distance: enlightening or elusive? *International Marketing Review*, 15 (5) :357-372, 1998.

CAPÍTULO 8

INTERNACIONALIZAÇÃO DE UM BANCO BRASILEIRO NO MERCOSUL: ITAÚ BUEN AYRE

Renato Cotta de Mello
Angela da Rocha

O fenômeno da internacionalização dos bancos acompanhou a expansão do fluxo internacional de capitais e a integração global dos mercados financeiros. Esse fenômeno se fez sentir não apenas nos países mais avançados da Europa e da América do Norte, mas teve repercussões em todos os continentes. No bojo desse processo, os avanços em telecomunicações e na tecnologia de informação permitiram acesso a mercados até então inexplorados.

Na Europa, o já avançado processo de racionalização da indústria bancária européia parece estar levando à formação de grandes bancos regionais ou, ainda, pan-europeus[1]. Em países como a Bélgica, por exemplo, os bancos tradicionais viram-se envolvidos em uma série de fusões e aquisições, tanto nacionais quanto transnacionais, sendo, em alguns casos, objeto de *takeover.* As várias medidas de concentração bancária, para os cinco principais bancos belgas, ao final desse processo, encontravam-se entre

[1] Veja-se, por exemplo, Nellis, J.G; McCaffery, K.M. e Hutchinson, R.W. Strategic challenges for the European banking industry in the new millenium. *The International Journal of Bank Marketing*, 18 (2) :53-64, 2000.

74 e 79%. Os bancos belgas sobreviventes engajaram-se, então, em ativo processo de expansão européia[2]. Os bancos espanhóis, por outro lado, reavivaram seus laços com a América Latina, dirigindo sua expansão internacional também para esta região[3]. Esse processo só se iniciou, porém, a partir de 1994, quando os cinco principais bancos do país já respondiam por 53,8% dos ativos totais dos bancos espanhóis.[4]

Nos Estados Unidos da América, os bancos – salvo algumas exceções, como o Citibank – não apresentaram, inicialmente, o mesmo dinamismo em seu processo de internacionalização de setores da indústria norte-americana e, até mesmo, de serviços. Entre os motivos para tal podiam listar-se as diferenças culturais, por ser o negócio dos bancos essencialmente baseado em relacionamentos, as complexidades legais e regulatórias, e outras barreiras estabelecidas que impediram ou dificultaram a expansão internacional dos bancos[5]. Nas décadas de 1980 e 1990, porém, nova leva de empresas do setor financeiro norte-americano engajou-se ativamente na internacionalização de suas atividades, passando a liderar esse processo. Desta forma, em 1998, dois terços dos 17 bancos considerados verdadeiramente globais eram norte-americanos[6].

Nos países em desenvolvimento, os processos desencadeados pela globalização do setor bancário foram, em geral, não menos contundentes. Os bancos islâmicos, por exemplo, vêm sendo levados à modernização, abandonando muito de sua tradicional

---

[2] Van der Haegen, N. Recent trends in the evolution of the Belgian banking sector. *International Financial Law Review*, pp.15-16, 1999.

[3] Warner, A. Dancing to a Latin beat. *The Banker*, 147 (862) :27-30, 1997.

[4] Cardone-Riportella, C. e Cazorla-Capis, L. The internationalisation process of Spanish banks: a tale of two times. *International Journal of Bank Marketing*, 19 (2) :53-67, 2001.

[5] Peterson, J.R. Looking for markets overseas, some early entrants set sail. *ABA Banking Journal*, 91 (10) :47-53, 1999.

[6] Kahn, S. The future of global banks. *Global Finance*, 12 (5) :28-30, 1998.

postura conservadora para enfrentar a competição global, com a queda de barreiras regulatórias e geográficas[7].

A América Latina, em particular, vem assistindo, desde a década de 1990, a mudanças abruptas e avassaladoras em seu sistema bancário. Países como Brasil, Argentina e México viram a entrada de grandes grupos financeiros internacionais, com ênfase particular em grandes bancos espanhóis. No Brasil, a participação dos bancos estrangeiros aumentou de 7,3% em 1993 para 15,8% em 1998; na Argentina, em 1999, os bancos estrangeiros respondiam por quase 40% de todos os depósitos[8] .

Se, de um lado, a entrada de bancos estrangeiros nos países latino-americanos citados mostrou-se bastante expressiva, o mesmo não se pode dizer, de outro, da atuação internacional dos bancos domésticos. No caso brasileiro, a internacionalização dos bancos tem sido bastante tímida, apesar do tamanho dos conglomerados financeiros brasileiros e de seu alto grau de automação[9] .

Este capítulo trata dos passos iniciais no processo de internacionalização do segundo maior banco brasileiro, explorando o caso particular da instalação de uma subsidiária do Banco Itaú no mercado argentino.

O CASO ITAÚ BUEN AYRE

O Banco Itaú S.A.

Fundado em 1945, com a denominação de Banco Central de Crédito, o Banco Itaú S.A. tornou-se o segundo maior banco pri-

---

[7] Kahf, M. Islamic banks at the threshold of the third millenium. *Thunderbird International Business Review*, 41 (4/5) :445-460, 1999.

[8] Peek, J. e Rosengren, E.S. Implications of the globalization of the banking sector: the Latin American experience. *New England Economic Review* :45-62, Sept.-Oct. 2000.

[9] Uma exceção foi a internacionalização do maior banco estatal brasileiro, o Banco do Brasil.

vado brasileiro, possuindo, em 2000, 2.880 agências bancárias e postos de serviços, além de 11.375 ATM's, distribuídos em todo o território brasileiro. Contava com mais de 39.000 funcionários, possuindo um total de ativos de R$ 69,555 bilhões, créditos de R$27,253 bilhões, patrimônio de R$ 6,642 bilhões e atendia a cerca de 8 milhões de clientes, no Brasil. No ano de 2000 sua rentabilidade patrimonial atingiu 31,65% e obteve lucros da ordem de R$1,841 bilhão, tendo obtido a classificação de risco AAA da empresa de *rating* Moody's.[10]

Esses resultados incluem o desempenho de outras quatro marcas de bancos que fazem parte do sistema Itaú S/A: BFB, Bemge, Banerj e Banco do Estado do Paraná, além de outras empresas que atuam em atividades como seguros, capitalização e previdência privada, colocando o Itaú S.A. em segundo lugar entre os maiores conglomerados financeiros privados da América Latina.

O controle acionário do banco encontrava-se dividido entre as famílias Setúbal e Villela, e a presidência era ocupada por um de seus membros, Ricardo Setúbal, sendo seu pai, Olavo Setúbal, Presidente do Conselho de Administração. Os demais 50 principais postos da organização eram ocupados por executivos profissionais. Em média, esses executivos ocupavam cargos de direção no Itaú há vinte anos.[11]

A Internacionalização

Seguindo o movimento das empresas brasileiras em direção aos mercados externos, o Banco Itaú, em 1979, abriu três agências fora do território nacional. Duas delas foram abertas com o propósito de atender às necessidades de seus clientes exportadores, localizando-se em New York (EUA) e Ilhas Cayman, com condições de crédito compatíveis com os padrões competitivos internacionais.

---

[10] Fonte: balanço publicado pela empresa em fevereiro de 2001.

[11] *Exame*, 05 de abril de 2000, pp. 152-158.

A terceira agência aberta no exterior naquele ano, localizada na Argentina, deveu-se à visão estratégica da direção da empresa de que, sendo este país a segunda maior economia da América Latina, era uma questão de tempo tornar-se um importante parceiro do Brasil no comércio bilateral. Assim, o banco teria condições de assumir papel relevante na intermediação financeira desse comércio, se possuísse operações em ambos os países.

Em 1994, criou-se em Portugal uma sociedade de investimentos que, mais tarde, foi transformada em banco, sob a denominação Itaú Europa. No ano 2000, o balanço do Banco Itaú Europa apresentava um total de 1,5 bilhão de euros em ativos, representando um crescimento de cerca de 27% em relação a 1999.

Alberto Barreto, vice-presidente executivo do banco, destacou o momento em que o Banco Itaú decidiu aprofundar seu envolvimento com os mercados externos:

> *"Em 1994, nós solicitamos aos Bancos Centrais do Brasil e da Argentina autorização para transformar nossa agência de Buenos Aires em uma subsidiária. Essa autorização foi concedida pelas autoridades monetárias de ambos os países, permitindo-nos abrir 32 agências bancárias em território argentino."*

Iniciavam-se, assim, as atividades internacionais de varejo do banco, que adotou a marca Banco Itaú Argentina, sob o comando de Antonio Carlos Barbosa de Oliveira, nomeado Diretor General Executivo, um brasileiro com experiência de 30 anos de Banco Itaú no Brasil.

O Banco Itaú na Argentina

O projeto de abertura da organização bancária de varejo na Argentina teve início em abril de 1994, quando a direção do banco convenceu-se de que a estabilização da inflação naquele país estava consolidada, oferecendo uma oportunidade de mercado a ser explorada.

Uma análise da concorrência existente nessa época indicava que os bancos de varejo que atuavam na Argentina tinham ficado muito atrasados durante toda a década de 1980, período em que a inflação no país permaneceu elevada, refletindo baixo desempenho financeiro. No início da década de 1990, um plano econômico – o Plano Austral – instaurou um regime monetário rígido que permitiu conter a inflação.

Na Argentina, durante a fase de inflação alta, os bancos varejistas, em geral, captavam recursos de seus clientes tipicamente através de aplicações em títulos de prazo fixo. Não havia, a exemplo do que ocorria no Brasil, a figura da correção monetária para as cadernetas de poupança. Assim, os bancos concorriam entre si pagando taxas de juros fixas, que às vezes ficavam abaixo da inflação do período, às vezes acima, sem nenhuma segurança para os aplicadores.

Além disso, "não houve nenhum incentivo governamental na Argentina, a exemplo do que houve no Brasil, para que os bancos investissem em tecnologia para atender o segmento de pessoas físicas", como observou Barbosa de Oliveira:

> *"No Brasil existia a caderneta de poupança, cujas regras de remuneração eram iguais para todos os bancos, levando a que cada um procurasse se diferenciar através dos serviços oferecidos aos clientes. Foi isso o que levou os bancos brasileiros a investir muito na área de pessoas físicas, a automatizar as agências, a oferecer caixas eletrônicos: ou seja, toda a tecnologia de que o Banco Itaú hoje dispõe e que está no mesmo nível dos mercados mais competitivos do mundo."*

Na Argentina, o fraco atrativo oferecido pelos bancos levou a que os poupadores decidissem não usar o sistema disponível. Segundo as observações colhidas pela equipe do Itaú designada para o projeto argentino, as pessoas amealhavam as suas economias, transformavam-nas em dólares e as enviavam para fora do país ou as guardavam em casa.

Assim, percebeu-se que os argentinos usavam muito pouco a rede bancária e, em função disso, as organizações financeiras ofereciam muito pouco aos seus clientes, numa espécie de círculo vicioso.

Foram os sinais suficientes para a direção do Banco Itaú S/A tomar a decisão de se instalar na Argentina. Afirmou um dos entrevistados:

> *"Nós vimos que o mercado de varejo bancário na Argentina apresentava potencial importante. Os bancos lá instalados já estavam começando a buscar novamente o segmento de pessoas físicas que havia sido abandonado durante todo o período de inflação. Percebemos que, com todo o conhecimento que tínhamos aqui no Brasil, poderíamos aplicá-lo em um mercado tão próximo, aproveitando nossa estrutura no Brasil,"*

Descartando a possibilidade de adquirir um banco que já operasse na Argentina por considerar que, naquele momento, nenhum deles oferecia sinergia com a estratégia que os executivos brasileiros imaginavam desenvolver, o Itaú decidiu iniciar sua própria operação partindo do zero, desenvolvendo sua própria marca no mercado argentino. Tratava-se, de acordo com a expressão utilizada na literatura internacional, de um *greenfield investment*, a criação de uma nova empresa.

A classificação dos grupos sociais, adotada pelos institutos de pesquisa na Argentina, dividia o mercado em classes A, B, C1, C2 e C3, sendo as classes A e B de alta renda, C1 classe média alta, C2 classe média média e C3 classe de baixa renda.

O grupo de trabalho do Itaú envolvido com o projeto, que incluía executivos do banco e consultores da empresa de consultoria internacional McKinsey, estudou o mercado e identificou que a maioria dos bancos argentinos atuava somente no segmento de pessoas físicas de alta renda (A e B). "Decidimos entrar no mercado voltados para o atendimento dos segmentos das classes C1, C2 e C3", declarou o diretor Oliveira.

Assim, foram conduzidos vários estudos de mercado junto a esse público-alvo. Um desses estudos, que procurou saber se a marca Itaú era conhecida pelos argentinos, revelou que a mesma era totalmente desconhecida. Em pesquisas de *focus group*, procurou-se avaliar se haveria alguma reação dos consumidores argentinos contra um banco brasileiro e contra os brasileiros de uma maneira geral. Nas palavras de Antonio Carlos Barreto,

> *"...vimos que não existia nenhuma rejeição, o que na realidade acabamos descobrindo foi que havia, sim, uma admiração grande pelo Brasil, pelo tamanho do Brasil, pelo vigor da economia brasileira".*

O grupo de trabalho consumiu cerca de 18 meses para desenvolver totalmente o projeto que envolvia duas áreas de negócios no mercado argentino: o Itaú, que permaneceria atuando na área de *corporate*, para atender as empresas brasileiras que atuavam na Argentina, com exportações ou com subsidiárias próprias, e o Itaú Argentina, que atuaria na área de varejo para atender somente pessoas físicas, contando com uma rede de 35 agências.

A primeira agência de varejo instalou-se em uma das esquinas mais movimentadas da cidade de Buenos Aires, no entroncamento entre as ruas Callao e Corrientes. A escolha deste ponto foi proposital, para maximizar a visibilidade deste novo banco que chegava no mercado. Acompanhando a abertura dessa agência, foi veiculada campanha de propaganda em televisão bastante agressiva, com o propósito de posicionar a marca Itaú na mente dos consumidores.

Para definir o conceito arquitetônico das agências bancárias, o Banco Itaú lançou um concurso entre escritórios de arquitetura argentinos. Foram escolhidos três escritórios de renome nacional, para os quais foi explicado o que era o banco, qual era o posicionamento desejado e como o mesmo iria funcionar. As agências teriam quatro caixas eletrônicos cada uma (contra uma média de um caixa eletrônico para cada cada agências da concorrência), operariam com oito funcionários no máximo, teriam *design* muito moderno, com destaque para a cor laranja, característica do banco no Brasil (os bancos argentinos utilizam-se de um padrão visual muito formal), e operariam com alto grau de automação. Segundo Barbosa de Oliveira,

> *"nós definimos que a agência não ia ter nenhum papel, que as operações seriam todas conduzidas via terminal eletrônico. Nossas agências na Argentina não têm mobiliário para arquivos, são agências que não armazenam papéis."*

Em seus caixas eletrônicos, os clientes podiam efetuar operações bancárias mais complexas como, por exemplo, fazer empréstimos a qualquer hora do dia ou da noite, e sacar dinheiro em austrais e em dólares americanos.

Visando operar a custos baixos, as agências possuíam efetivo de funcionários muito baixo, respondendo apenas pelo atendimento de clientes, por vendas e pela abertura de novas contas. Não desempenhavam nenhuma atividade administrativa. Além disso, toda a análise e aprovação de crédito era centralizada.

A agência de propaganda contratada também era argentina, escolhida após um concurso entre 15 agências.

> *"Escolhemos uma agência argentina, sem nenhuma ligação com o Brasil, porque achamos que a campanha de propaganda tinha que partir da cultura argentina, da realidade argentina, que dificilmente uma agência brasileira conseguiria captar"* – diz Oliveira.

Essa campanha de propaganda do lançamento do Banco Itaú na Argentina foi premiada como a melhor campanha de banco da América Latina. O orçamento de propaganda de lançamento consumiu US$2 milhões.

A mensagem principal da propaganda era a qualidade do atendimento que o banco proporcionava. Como garantia dessa qualidade o banco assumia o compromisso público de, caso o novo cliente que utilizasse os serviços do banco durante 90 dias não ficasse satisfeito com o desempenho do atendimento, o Itaú devolveria tudo o que esse cliente tivesse pago para abrir a conta.

Para a contratação da mão-de-obra foi dada preferência a pessoas jovens que não tivessem experiência no setor bancário. Essa estratégia buscava desenvolver profissionais que tivessem uma atitude de atendimento aos clientes diferente daquela que se verificava nos demais bancos argentinos. Foi montada uma agência modelo, para funcionar como centro de treinamento, com caixas eletrônicos e todos os demais equipamentos que se encontrariam nas agências projetadas. Neste centro, os novos funcionários recebiam treinamento em atendimento aos clientes, vendas e também na operação do sistema.

Para que se tenha uma idéia da extensão da tarefa para criar uma cultura de atendimento de qualidade, Barbosa de Oliveira relatou que, em conversa com um executivo argentino, comentou que a estratégia de entrada do banco Itaú estava fortemente baseada em atendimento de excelência aos clientes, o que gerou uma expressão de dúvida em seu interlocutor, dada a inexistência da cultura de bom atendimento e solicitude para com os clientes entre seus compatriotas.

Em meados de outubro de 1995 foram inauguradas cinco agências bancárias e, a partir de novembro daquele ano, foram sendo abertas duas agências por mês. Por ocasião da abertura de cada nova agência era veiculada um anúncio de página inteira em jornais, destacando as peculiaridades e características próprias do bairro da cidade de Buenos Aires onde a agência estava se instalando.

As indicações para a escolha dos pontos das agências bancárias, todas na cidade de Buenos Aires, foram conduzidas por especialista no assunto, dos quadros do Banco Itaú do Brasil. Ele definia as ruas, o lado da via que apresentava condições mais favoráveis e os executivos do banco localizavam os imóveis disponíveis para instalar as agências.

A Expansão na Argentina

Com um total de cerca de 600 funcionários, em novembro de 1998, o Banco Itaú Argentina já operava as 32 agências autorizadas pelas autoridades monetárias argentinas, e conduzia um novo processo de autorização para a abertura de mais 35 unidades.

No entanto, os executivos do banco percebiam que o ambiente competitivo estava em mutação, exigindo uma análise sobre a pertinência da estratégia adotada até então. Essas mudanças foram destacadas por Barbosa de Oliveira:

> *"Os anos de 1995, 1996 e 1997 foram de grande transformação para a indústria bancária na Argentina. Nesse período, praticamente todos os grandes bancos locais foram adquiridos por* players *internacionais, como os espanhóis Santander e BBV, além do Citybank, Bankboston, americanos e o HSBC, inglês."*

As opções do Banco Itaú, para competir nessa nova configuração da indústria na Argentina oscilavam entre continuar crescendo via abertura de novas agências próprias ou adquirir um banco em operação.

Optando pela segunda via, no mês de maio de 1998, o Banco Itaú da Argentina assinou o contrato de compra do Banco del Buen Ayre, adquirindo 100% de seu capital pelo valor de US$ 373,5 milhões[12], e assumiu a sua efetiva operação em novembro daquele mesmo ano.

---

[12] Fonte: http://www.itau.com.ar

Com 62 agências bancárias e cerca de 1.000 funcionários, o perfil dessa organização oferecia sinergia com as operações do Banco Itaú Argentina, no entender de seus dirigentes: era um banco bastante bem informatizado, tendo iniciado esse processo no início dos anos 70, possuía vários caixas eletrônicos à disposição de seus clientes que eram preferencialmente pessoas físicas pertencentes às classes A, B e C1 e, praticamente, somente operava na área da chamada Grande Buenos Aires.

A partir dessa aquisição, o Banco Itaú Argentina passou a denominar-se Banco Itaú Buen Ayre, contando com rede de 94 agências bancárias, e carteira de 150 mil clientes (em meados do ano 2000, os clientes totalizavam 160 mil e os funcionários eram 1.400).

Para o público argentino em geral, e sob o ponto de vista jurídico, a unificação do nome das duas organizações aconteceu apenas em outubro de 1999, 18 meses após a aquisição do Buen Ayre. A compatibilização de seus sistemas de informações, permitindo operação unificada, foi viabilizada e implantada em novembro de 2000.

Segundo Barbosa de Oliveira, todas as etapas da unificação das duas organizações foram condicionadas à preservação dos clientes. Nada foi feito sem que, antes, os executivos tivessem a certeza de que seus clientes não seriam prejudicados, ou mesmo, tivessem sua rotina de atendimento e operação alterados. A questão da racionalização dos custos foi relegada a segundo plano, tanto que, até o final de 2000, havia sobreposição de agências – com localizações muito próximas, que foram mantidas em função da importância atribuída aos hábitos dos clientes do antigo Banco del Buen Ayre. As mudanças, segundo Barbosa de Oliveira, seriam feitas "ao seu tempo, no tempo dos nossos clientes."

Em uma pesquisa de marcas conduzida por um instituto independente da Argentina no ano 2000, o Itaú Buen Ayre obteve a oitava posição entre os bancos mais admirados na opinião dos consumidores daquele mercado.[13]

O Banco Itaú Buen Ayre ocupava, no início do ano 2001, em termos de ativos, a 20ª posição entre os bancos que operavam em território argentino e sua diretoria tinha como meta o crescimento futuro, que viabilizasse sua classificação entre os cinco a dez primeiros lugares desse *ranking*. Para tanto, não estava descartada a compra de um banco maior, que tivesse operações de varejo que cobrissem a totalidade do território argentino.

O Relacionamento entre o Banco Itaú S.A. e o Banco Itaú Buen Ayre

Segundo o vice-presidente executivo Alberto Barreto, as operações dos bancos Itaú no Brasil e na Argentina podiam ser consideradas como muito integradas.

Respeitadas as legislações específicas de cada país, o Banco Itaú procurava oferecer o mesmo portifólio de serviços a seus clientes argentinos e brasileiros. Além disso, era possível a um cliente brasileiro, por exemplo, fazer saques de conta-corrente que possuísse em qualquer agência do Banco Itaú S/A no Brasil, através de um caixa eletrônico do Itaú Buen Ayre na Argentina.

Algumas inovações de produtos haviam sido lideradas pela unidade de negócios na Argentina e, depois de seu comprovado sucesso, adotadas no Brasil, como fora o caso da garantia da satisfação dos clientes com o atendimento do banco, que o Banco Itaú S/A chamou de "Maxiconta". Isso resultava da percepção dos executivos de que era mais fácil realizar experiências em uma operação menor do que na brasileira, embora se utilizasse na Argentina toda a experiência do Itaú no Brasil.

---

[13] Fonte: Balanço Anual do Banco Itaú S/A, publicado em fevereiro de 2001.

Para a entrada do Itaú na Argentina foi projetada uma operação bancária que se adaptasse, ao máximo, às características do mercado, fazendo-se "um banco sob medida para aquele mercado".

Perspectivas Futuras

Considerando as atividades do Banco Itaú no exterior como um todo, foram investidos um total de US$ 1,5 bilhão, mostrando o grau de comprometimento da organização com sua estratégia de internacionalização.

No que diz respeito à sua expansão para outros países da América Latina, não havia, na visão dos dirigentes do Banco Itaú, outras oportunidades a serem exploradas no médio prazo. Seus executivos acreditavam que os sistemas financeiros dos demais países da região eram bem atendidos pelos bancos em operação. No longo prazo, a consolidação do sistema financeiro mundial permitiria que os bancos globalizados atuassem com vantagens no âmbito da América Latina, embora se esperasse haver espaço para um ou dois bancos regionais neste mercado, entre os quais o Itaú pretendia incluir-se.

Quanto às atividades atacadistas, as operações financeiras internacionais do Banco Itaú S/A atendiam, no início de 2001, a uma parcela entre 8 e 10% do mercado de comércio exterior brasileiro, que correspondia a um volume próximo a US$100 bilhões anuais.

Na visão dos executivos do Itaú, a indústria bancária mundial deveria passar por mudanças radicais no futuro, em resposta à abertura dos mercados, à automação, à tecnologia WAP e aos juros baixos. Entendiam que a concorrência na indústria teria o mundo como base de mercado e as disputas aconteceriam na expansão do crédito, na administração de recursos e na escala das operações que, mandatoriamente, seriam globalizadas.

DISCUSSÃO

A literatura sobre internacionalização de bancos é bastante esparsa, consistindo basicamente de tentativas de adaptar os vários enfoques utilizados para a análise da internacionalização das empresas industriais ao caso dos bancos. Especificamente, maior atenção tem sido dada à análise dos processos de internacionalização dos bancos focalizando-se dois aspectos: se os bancos seguem um enfoque de "seguir o cliente" ou de "buscar mercado" e se o processo de internacionalização segue o modelo gradual de internacionalização de Uppsala ou se é contingente de situações específicas[14]. No caso específico estudado, pode-se dizer que o processo de internacionalização do Banco Itaú ocorreu de forma gradual, e que sua entrada e expansão na Argentina obedeceu tanto à necessidade de acompanhar os clientes corporativos como de buscar mercados novos.

No caso particular dos bancos espanhóis, a escolha prioritária da América Latina como destino prioritário de seu investimento direto no exterior sugere que se aplicam os princípios da proximidade psicológica ou cultural, enunciados pelos teóricos de Uppsala. No caso brasileiro, examinando o caso específico do Banco Itaú, o mesmo princípio parece aplicar-se, dada a escolha da Argentina como *locus* de abertura de agência e, posteriormente, de subsidiária no exterior.

A presença do Banco Itaú na Argentina vinha de época bastante anterior, do final da década de 1970, quando a empresa decidiu ser necessário estar presente no exterior, abrindo três agências. Tratava-se, então, de movimento tático, configurando mais a simples conveniência de transferência de fundos internacionalmente e atendimento a pequeno número de clientes selecionados,

[14] Veja-se, a esse respeito, o estudo de Cardone-Riportella, C. e Cazorla-Capis, L. The internationalisation process of Spanish banks: a tale of two times. *International Journal of Bank Marketing*, 19 (2) :53-67, 2001.

cujas operações exigiam presença, ainda que modesta, no exterior, do que questões estratégicas que abrangessem a expansão para outros mercados. Daí a escolha de ilhas Cayman e Nova Iorque como *locus* da abertura de agências internacionais.

A abertura de uma agência na vizinha Argentina, porém, era indicadora de pretensões mais amplas de internacionalização, apesar de consistir, ainda, em tímida tentativa. De fato, segundo indicado por um dos dirigentes, houve a percepção da importância futura que esse mercado deveria assumir para o Brasil., embora se trate de percepção *ex post facto*, o que pode significar, em muitos casos, uma racionalização posterior aos acontecimentos, ou, efetivamente, refletir as motivações do momento.

O passo seguinte – a criação de subsidiária – só ocorreria em 1994, com a autorização para abertura de 32 agências no mercado argentino. Os motivos apresentados pelos dirigentes eram, de um lado, a melhoria do ambiente econômico, com a estabilização da moeda; de outro, a percepção de que os bancos brasileiros – e o Itaú, em particular – apresentavam vantagens competitivas que lhe permitiriam competir, com sucesso, naquele mercado. Entre essas salientava-se o avançado grau de automação do sistema bancário brasileiro, comparativamente ao argentino e, em segundo, a qualidade do atendimento prestado aos clientes.

Outro motivo parece sido o início do processo de multinacionalização de empresas brasileiras dos setores industriais e de outros setores de serviços, que ocorreu, em grande número de casos, na primeira metade da década de 1990. Interessava a essas empresas, naturalmente, a presença do grande banco brasileiro no mercado argentino, um dos alvos prioritários do investimento direto no exterior brasileiro. Esse motivo – acompanhar os clientes – explica mais, no entanto, o atendimento ao cliente *Corporate* do que a abertura de agências voltadas para pessoas físicas.

A expansão subseqüente na Argentina deve ter sido motivada, ainda, pela própria estabilização da moeda brasileira, acompanhada por processos de desregulamentação e reestruturação da indústria bancária brasileira, inclusive pela privatização dos bancos estatais, atraindo grandes conglomerados financeiros internacionais, como o Grupo HSBC, ou grandes bancos europeus, como os espanhóis. Esses competidores internacionais entraram ou aumentaram expressivamente sua participação através de aquisições, não só no mercado brasileiro, como no argentino, e devem ter sido vistos claramente como ameaça pelos dirigentes do Banco Itaú. A decisão de adquirir um banco local (Banco del Buen Ayre), ao invés de prosseguir com a solicitação de abertura de mais 35 agências, fazia sentido no contexto dessa ameaça, pois significava ganho imediato de participação no mercado e fortalecimento da posição competitiva do Banco Itaú no Mercosul.

A estratégia adotada na operação argentina pessoa física apresentou características peculiares que podem ser resumidas em: (a) ênfase na automação bancária; (b) importância dada à qualidade de atendimento; (c) transferência de *know-how* da operação argentina para a brasileira e vice-versa e integração das operações. De forma geral, portanto, parece ter havido uma tendência à padronização dos negócios no Brasil e na Argentina, particularmente no que se refere ao *back-office* e à automação de agências.

No entanto, segundo declaração de um dos dirigentes da empresa, havia também grande preocupação em se adaptar o que fosse necessário às características locais, fazendo-se "um banco sob medida para aquele mercado". Esta preocupação com a adaptação se torna clara quando se observa o cuidado que cercou a unificação das atividades do Banco Itaú Argentina e do Banco del Buen Ayre. O uso de agência de propaganda local também é indicador de preocupação em falar a linguagem local, utilizando especialistas na cultura argentina, em lugar de uma agência brasileira, ou mesmo de uma agência internacional.

Essa combinação entre padronização de operações e adaptação de comunicações parece adequar-se bastante bem ao dito "pensar globalmente, agir localmente", que sugere que uma combinação dessas duas estratégias (padronização ou adaptação) deverá produzir melhores resultados do que a aplicação isolada de uma delas.

Finalmente, é clara a conscientização dos dirigentes do banco Itaú quanto ao futuro do mercado bancário latino-americano. Para esses dirigentes, o processo de globalização da indústria bancária, em andamento, parece irreversível e sugere a sobrevivência, na América Latina, de um número bem menor de *players* locais do que o atualmente existente, entre os quais o Itaú pretende estar.

Leia também da Coleção Estudos COPPEAD:

CONSUMIDORES INSATISFEITOS
Uma oportunidade para as empresas
de *Marie Agnes Chauvel*

HISTÓRIAS DE RECOMEÇO
Privatização e *downsizing*
de *Ursula Wetzel*

ESTUDOS EM NEGÓCIOS
de *Walter Ness e Roger Volkema (orgs.)*

À MESA COM A FAMÍLIA
Um estudo do comportamento
do consumidor de alimentos
de *Leticia Casotti*

A INTERNACIONALIZAÇÃO
DAS EMPRESAS BRASILEIRAS
Estudos de gestão internacional
de *Angela da Rocha (org.)*

Para saber mais sobre nossos títulos e autores, visite nosso site:
www.mauad.com.br

Este livro, da MAUAD Editora,
foi impresso em papel pólen soft 70g,
na gráfica Lidador